DICTIONNAIRE

DES

PROTÉES

MODERNES.

DE L'IMPRIMERIE DE LAURENS AINÉ,
quai des Augustins, n°. 19.

DICTIONNAIRE

DES

PROTÉES

MODERNES,

OU

Biographie des Personnages vivans qui ont figuré dans la Révolution Française, depuis le 14 juillet 1789, jusques et compris 1815, par leurs actions, leur conduite ou leurs écrits.

PAR UN HOMME RETIRÉ DU MONDE.

. . . . . . *Pudor te malus urget,*
Insanos qui inter vereare insanus haberi.
HORAT. *lib.* II, *sat.* III.

A PARIS,

Chez { DAVI et LOCARD, Libraires, rue de Seine, n°. 54, près la rue de Bussy.
DELAUNAY, Libraire, Palais-Royal, galerie de bois.

1815.

PRÉFACE.

> Mais, au moindre revers funeste,
> Le masque tombe, l'homme reste,
> Et le héros s'évanouit.

D<small>ANS</small> le cours d'une révolution, qu'on pourrait appeler le carnaval de l'extravagance ou de la folie, si des scènes sanglantes n'en eussent souillé les principales époques; on a vu des hommes, brisant tout-à-coup les liens qui coordonnent une société sagement gouvernée, et secouant le joug importun des préjugés utiles, se livrer à tous les égaremens d'une imagination déréglée, et à toutes les illusions d'un bien-être idéal : on en a vu d'autres qui n'ont aperçu dans une désorganisation générale et dans un nouvel ordre de choses, qu'un nouveau moyen de dominer et de s'enrichir : la masse générale, entraînée par un mouvement dont elle ne chercha point la cause, suivit l'impulsion donnée, et seconda de toutes ses forces, des innovations dont elle devait être la victime.

Trois sortes d'acteurs entrèrent donc en scène : les gens de bonne foi, les fripons et les sots. Ces derniers, en plus grand nombre, devinrent les instrumens dont se servirent les seconds, pour tâcher d'arriver au dénouement de ce drame politique.

Désabuser les premiers, démasquer les seconds et éclairer les derniers ; voilà le but que nous nous sommes proposé dans cet ouvrage.

Laissant parler les faits, nous jugerons par les actions, en nous efforçant néanmoins de rompre la monotonie d'un dictionnaire tel que le nôtre, par quelques traits de gaîté, et les réflexions qu'amène naturellement la variété des sujets.

On ne doit pas dissimuler cependant, que parmi tant d'hommes dont les opinions ont changé, pour ainsi dire à chaque lune, il n'y en ait quelques-uns dont le changement n'ait été un bien pour la chose publique. Nous mettons, dans cette catégorie, toutes les personnes qui, dans l'incertitude des événemens, et les variations de l'atmosphère politique, ont tourné d'abord, comme de véritables girouettes, à tous les vents, jusqu'au moment où elles se sont arrêtées au beau fixe; c'est-à-dire, où elles se sont ralliées autour du monarque légitime, en contribuant de tous leurs moyens à faire cesser une fluctuation de gouvernement qui devait nécessairement nous replonger dans les plus grands malheurs.

Ainsi, nous sommes loin d'approuver les titres de girouettes, donnés par le dictionnaire de ce nom à plusieurs personnages importans, qui, à la vérité, républicains en 1793, sentirent bientôt après que la république était, relativement à un grand état, un mot vide de sens, et que la France ne pouvait se reposer de ses longues agitations, que dans une charte constitutionnelle octroyée par son monarque légitime.

Ce même dictionnaire est hérissé d'une foule de citations de pièces, extraites pour la plus grande partie, des *Hommages poétiques* présentés à LL. MM. II. et RR., sur la naissance du roi de Rome, par MM. Lucet et Eckart; Paris, Prud'homme fils, 1811; et ces pièces composent la moitié du volume.

Le *Dictionnaire des Protées Modernes*, plus resserré dans son cadre, et plus économe en citations, a l'avantage de dire plus en moins de mots, et de ne point fatiguer le lecteur par des redites continuelles. Il a encore celui de réparer plusieurs omissions importantes, échappées au *Dictionnaire des Girouettes*.

DICTIONNAIRE
DES
PROTÉES
MODERNES.

A.

ABOVILLE. Cette famille a fourni trois personnages fameux par les emplois, les honneurs et les dignités qui se sont accumulés sur leurs têtes.

I. ABOVILLE (d'), membre du sénat-conservateur, le 27 fructidor an 10, porté sur la feuille des bénéfices à la sénatorerie de Besançon; grand officier de la légion-d'honneur, le 25 prairial an 12; pair de France le 4 juin 1814; commandeur de l'ordre royal et militaire de Saint-Louis, le 27 juin du même mois.

II. ABOVILLE (A. M. d'), fils aîné du précédent; baron d'empire; nommé par l'empereur général de brigade de l'artillerie le 9 juillet 1809; commandant de la légion-d'honneur, le 23 juin 1810; nommé par le Roi commissaire près l'administration des poudres et salpêtres à Paris.

III. ABOVILLE (Augustin-Gabriel d'), frère puîné

du précédent ; baron d'empire ; général de brigade d'artillerie, le 14 mars 1808 ; officier de la légion-d'honneur par l'empereur ; commandant de ladite légion par le Roi, le 30 juillet 1814 ; avant 1814, commandant de l'école de la Fère pour l'empereur ; commandant de la même école pour le Roi, en 1814.

I. ABRIAL, ancien avocat, ancien commissaire près la cour de cassation, ancien ministre de la justice, sous la république, fut nommé le 27 fructidor an 10, membre du sénat-conservateur ; le 25 prairial an 12, grand officier de la légion-d'honneur, et par suite comte d'empire, et porté sur la feuille des bénéfices de la sénatorerie de Grenoble, et en dernier résultat, nommé par le Roi, pair de France le 4 juin 1814. On voit que M. Abrial, une fois dans la route de la fortune, des honneurs et des dignités, a mis le temps à profit, et qu'il ne s'est pas amusé à la bagatelle.

II. ABRIAL, fils du précédent, a suivi le noble exemple de son père ; baron de l'empire en 1810, préfet du département du Finistère, auditeur au conseil d'état, service extraordinaire ; commissaire général de la police à Lyon sous l'empereur, et maître des requêtes honoraire au conseil du Roi, le 4 juillet 1814. (Voy. les *almanachs impériaux* et *l'almanach royal*.) M. Abrial fils était en si beau chemin, que c'est grand dommage qu'on ne l'ait pas laissé faire ; il est un de ces hommes actifs dont on peut dire :

Nil actum reputans, si quid superesset agendum.

AGIER (Pierre-Jean), natif de Paris, un des présidens de la cour impériale de Paris, nommé par l'empereur, et un des présidens de la cour royale de Paris, nommé par le Roi ; puis, le 23 août 1814, chevalier de la légion-d'honneur : le tout, enfin, pour ne point contrarier le cours des événemens, et la force des circonstances.

AIGREMONT (d'), baron d'empire, général de division le 10 avril 1813 ; nommé par le Roi commandant à Amiens, 13e. division militaire, et chevalier de l'ordre royal et militaire de Saint-Louis.

Petit poisson deviendra grand,
Si Dieu lui prête vie.

AGUESSEAU (Henri-Cardin-Jean-Baptiste d'), membre de la seconde classe de l'Institut ; membre du sénat-conservateur le 12 pluviose an 13 ; commandant de la légion-d'honneur, et pair de France par le roi, le 4 juin 1814.

ALBENAS (chevalier d'), ancien officier au régiment de Touraine ; comme écrivain, a prouvé que l'on pouvait dire le pour et le contre, sans pour cela cesser d'être un honnête homme. En 1808, il publia, *Essai historique et poétique de la gloire et des travaux de Napoléon Ier., depuis le 18 brumaire an 8, jusqu'à la paix de Tilsitt*, in-8º. ; et en 1815, *Fragmens sur la révolution française, dédiés au Roi*, in-4º.

ALBERT, baron d'empire, lieutenant-général le 21 novembre 1812 ; commandant de la légion-d'honneur, commandant pour le Roi à Lyon, sous les ordres du comte Roger de Damas, gouverneur ; chevalier de l'ordre royal et militaire de Saint-Louis.

ALLENT, chevalier d'empire, membre de la légion-d'honneur, maître des requêtes, service ordinaire, section de la guerre; conseiller d'état, service extraordinaire, nommé par le Roi le 13 septembre 1814; aide-major général, chef d'état-major des gardes nationales du royaume en juin 1814. C'est *aller* bon train dans le chemin de la fortune et des honneurs.

AMAR, conservateur de la bibliothèque Mazarine, et professeur d'humanités au Lycée Napoléon; puis sous le Roi, conservateur adjoint à la même bibliothèque, et professeur de rhétorique au Lycée de Henri IV: après avoir consacré, en 1811, dans une longue pièce latine intitulée GENETHLIACON, l'expression de ses sentimens et de ses vœux sur la naissance de S. M. le roi de Rome (voy. *Appendix des Hommages poétiques*, Paris, Prudhomme fils), fit insérer, dans le *Mercure de France* (février 1815, page 137), les réflexions suivantes :

« De tous les hommages expiatoires dont la tombe
» de l'infortuné Louis XVI est l'objet en ce moment,
» l'un des moins indignes de cette ombre illustre et
» sacrée pour nous, est celui, sans doute, du poète
» généreux qui pleura dans le silence sur ces augustes
» calamités; qui, long-temps avant les jours où un
» libre essor devait être rendu à tous les sentimens
» nobles et patriotiques, confia ses pieuses douleurs à
» des feuilles solitaires, qui, connues seulement de
» quelques amis, ne pouvaient avoir alors ni la pré-
» tention, ni l'espoir même de la célébrité. La célé-
» brité! est-ce bien une pareille chimère qui pouvait

» abuser l'auteur des *Tombeaux de Saint-Denis*, de
» l'*Orpheline du Temple*, du *Martyre de Louis XVI*,
» lorsqu'il s'attachait de préférence aux pages les plus
» sanglantes de notre révolution ; lorsqu'il se plaisait à
» en suivre les plus touchantes victimes, aussi loin que
» des yeux mortels ont pu les atteindre ? Non ; son
» âme toute française cherchait seulement à s'épan-
» cher, et, secondée du talent le plus distingué, prê-
» tait à ses sentimens cette énergie d'expression, cette
» noblesse, cette élévation d'idées et de style qui le
» caractérisent plus particulièrement, et lui assurent
» un rang à part sur le Parnasse français. Il y sera dé-
» sormais honoré comme le poète spécialement dévoué
» au culte des grandes infortunes. C'est la croix d'une
» main, et les lis dans l'autre, que je me plais à voir
» M. de Treneuil ouvrir une carrière nouvelle, où s'em-
» presseront de le suivre tous ceux qui verront autre chose
» dans la poésie, que l'art frivole d'amuser un moment
» les oreilles oisives, par des bagatelles sonores, par
» des riens plus ou moins harmonieusement cadencés.
» Mais elle rentre dans ses droits, mais elle exerce une
» vraie puissance, ou plutôt une espèce de sacerdoce,
» lorsqu'elle donne aux hommes ces hautes et terribles
» leçons, profondément empreintes sur les débris
» même des grandeurs terrassées. Eh ! quand son lan-
» gage sera-t-il jamais plus imposant que quand il se
» fait entendre du milieu des *tombeaux* de nos rois, si
» indignement violés ; du fond de cette *tour* doulou-
» reuse où gémit si long-temps captive la fille de

» ces mêmes rois ; du haut enfin de l'échafaud de
» Louis XVI?

» Mais quel Français ne doit pas apprécier aujour-
» d'hui tout ce que de pareils sujets renferment de
» grave et d'important? et s'il était possible qu'après
» plus de vingt ans de calamités, pendant lesquels le
» sang de cette royale victime n'a cessé de pleuvoir sur
» nous, il y eût encore deux sentimens à cet égard,
» nous laisserions les uns à leur douleur, les autres à
» leur repentir, et nous nous bornerions à les plaindre
» également, les supposant également malheureux. »

Sans supposer M. Amar malheureux, nous nous bornons à le plaindre, et à lui conseiller sincèrement de faire un bel acte de contrition.

AMEIL, baron d'empire, général de brigade le 21 novembre 1812 ; le 7 avril 1814, donne son adhésion au gouvernement provisoire ; officier de la légion-d'honneur par l'empereur, commandant de ladite légion par le Roi le 26 juillet 1814, et le 22 août de la même année, chevalier de l'ordre royal et militaire de Saint-Louis. Dans le *Moniteur* du 18 mars, on lit l'article suivant :

« Le général Ameil, qui avait suivi Monsieur à Lyon,
» et qui avait faussé sa parole et violé son serment, en
» restant dans cette ville au moment où Bonaparte y
» entrait, a été pris se rendant à Auxerre pour y exci-
» ter un soulèvement ; il a été aussitôt conduit à
» Paris, où il est arrivé aujourd'hui ».

Enfermé à la prison de l'Abbaye, il fut mis en liberté, le 19 mars, par ordre de l'empereur.

AMEY, baron d'empire, lieutenant-général le 19 novembre 1812, nommé par le Roi commandant à Bourges, sous les ordres du maréchal duc de Tarente, gouverneur; officier de la légion-d'honneur par l'empereur, commandant de ladite légion par le Roi le 14 juillet 1814.

ANDRÉOSSI (F.), auteur de l'histoire du *Canal du Midi*, connu précédemment sous le nom de *Canal de Languedoc*, successivement nommé par l'empereur lieutenant-général le 5 janvier 1800; ambassadeur; conseiller d'état, service ordinaire; président de la section de la guerre; grand-aigle de la légion-d'honneur le 14 août 1809; commandant de l'ordre de la couronne de fer; grand chancelier de l'ordre des trois Toisons d'Or; et par le Roi, chevalier de l'ordre royal et militaire de Saint-Louis le 13 août 1814; pair de France en juin 1815, par l'empereur.

ANISSON-DUPERRON, petit-fils du fondateur d'une imprimerie attachée spécialement au gouvernement, devint auditeur de première classe, attaché à la section de législation sous l'empereur; inspecteur de l'imprimerie impériale, ensuite directeur de l'imprimerie royale le 2 janvier 1815; maître des requêtes, service extraordinaire, etc.

ANTIGNAC, un de nos plus agréables chansonniers, a mis dans ses couplets une variété d'opinions qui prouve que les poètes ont la tête un peu légère. M. Antignac, dans une chansonnette de circonstance, s'exprimait ainsi, lors du retour des Bourbons :

> Quand je vois les armoiries
> De nos illustres Bourbons,
> Je suis sûr qu'aux Tuileries,
> Il sera bien fait des bonds.
> Autour du vrai Roi de France
> Je vois chacun se presser;
> Le cœur marque la cadence,
> Je sais sur quel pied danser.

A l'occasion du retour de l'empereur, ce chansonnier savait encore *sur quel pied danser*, lorsqu'il composa des couplets très-applaudis et chantés par Baptiste de Feydeau, au repas qui se donna chez Verry, le 30 mars 1815, par MM. les officiers généraux. (Journal de Paris, 1er. avril 1815.)

ARNAULT (A. Vincent), auteur tragique, membre de l'Institut, chevalier de la légion-d'honneur; secrétaire général de l'Université impériale avant 1814, secrétaire général de l'Université royale, en 1814; en 1815, rappelé par Bonaparte, et en juillet de la même année, nommé censeur royal. Que fera M. Arnault? Il continuera de louer comme il a fait sous l'empereur, et il arrivera à son but.

ARTAUD. Censeur impérial, et attaché au ministère des relations extérieures sous Napoléon; censeur royal honoraire et secrétaire d'ambassade à Rome sous le Roi; ce qui n'empêche pas qu'il ne soit auteur d'une assez bonne traduction complète du Dante, qui vaut beaucoup mieux que ses titres honorifiques.

AUGEREAU, général sous la république, maréchal d'empire, duc de Castiglione, grand cordon de la légion-d'honneur le 2 février 1805; grand officier de l'empire, chevalier de l'ordre royal et militaire de

Saint-Louis, le 1er. juin 1814; pair de France, le 4 juin suivant; nommé par le Roi en juillet 1814, commandant supérieur de la 19e. division militaire. C'est d'après ses ordres et ses proclamations qu'on peut juger de la stabilité d'opinion du maréchal; le 16 avril 1814, il adressait à son armée une proclamation du quartier-général de Valence, dont nous citerons quelques phrases.

« Soldats! le sénat, interprète de la volonté natio-
» nale, lassée du joug tyrannique de Napoléon Bona-
» parte, a prononcé le 2 avril sa déchéance et celle de
» sa famille......

» Soldats, vous êtes déliés de vos sermens; vous l'êtes
» encore par la nation en qui réside la souveraineté;
» vous l'êtes encore, s'il était nécessaire, par l'abdi-
» cation même d'un homme qui, après avoir immolé
» des millions de victimes, n'a pas su mourir en
» soldat.

» La nation appelle Louis XVIII sur le trône. Né
» français, il sera fier de votre gloire, et s'entourera
» avec orgueil de vos chefs; fils de Henri IV, il en
» aura le cœur, il aimera le soldat et le peuple....... »

Mais voici le revers de la médaille, dans une autre proclamation adressée de Caen, par ce même maréchal d'empire, aux troupes de la 14e. division militaire, le 22 mars 1815.

« Soldats! vous l'avez entendu : le cri de vos
» frères d'armes a retenti jusqu'à nous, il a fait tres-
» saillir nos cœurs.

» L'empereur est dans sa capitale. Ce nom, si long-
» temps le gage de la victoire, a suffi pour dissiper de-

» vant lui tous ses ennemis. Un moment la fortune lui
» fut infidèle. Séduit par la plus noble illusion, le
» bonheur de la patrie, il crut devoir faire à la France
» le sacrifice de sa gloire et de sa couronne.

» Egarés nous-mêmes par tant de magnanimités,
» nous fîmes alors serment de défendre d'autres droits
» que les siens.

» Ses droits sont imprescriptibles ; il les réclame
» aujourd'hui ; jamais ils ne furent plus sacrés pour
» nous.

» Soldats ! dans son absence, vos regards cher-
» chaient en vain sur vos drapeaux blancs quelques
» souvenirs honorables. Jetez les yeux sur l'empereur :
» à ses côtés brillent d'un nouvel éclat ses aigles
» immortelles ; rallions-nous sous leurs ailes ; oui,
» elles seules conduisent à l'honneur et à la victoire ;
» arborons donc les couleurs de la nation. »

Ab uno disce omnes.

AUGER, rédacteur du *Journal général de France*, avait préludé dans la carrière littéraire par être garde-magasin des vivres ou des fourrages, et ensuite par être commis aux bureaux du ministère de l'intérieur, et ensuite membre de la commission des livres. On a de lui un grand nombre d'articles dans la *Décade philosop ue* ou *la Revue*, signés O. Quelques personnes lui reprochent d'avoir sollicité une place d'inspecteur de l'Université sous l'empereur. Mais le premier de tous ses titres est celui de faiseur de *Notices biographiques*, en tête de tous les ouvrages recrépis depuis l'ouverture du 19ᵉ siècle.

AUGIER, après avoir été député aux états-généraux en 1789, fut nommé, en 1794, par la république, général de brigade; par l'empereur, le 14 juin 1804, membre de la légion-d'honneur, et par la suite envoyé par le Roi à Bourges sous les ordres du maréchal de Tarente, gouverneur; membre du corps-législatif sous l'empereur; membre de la chambre des députés sous le Roi, qui l'ennoblit le 6 septembre 1814.

AUZOU (madame), peintre, rue Git-le-cœur, n°. 10, a exposé,

Le 1er. novembre 1812, au *Musée Napoléon*, sous le n°. 22 de la notice,

Un tableau qui représente « S. M. l'impératrice, » avant son mariage, et au moment de quitter sa » famille, distribuant les diamans de sa mère aux ar- » chiducs et archiduchesses ses frères et sœurs. »

Le 1er. novembre 1814, au *Musée royal des arts*, sous le n°. 21 de la notice,

Un autre tableau dont le sujet est « une Croisée de » Paris, le jour de l'arrivée de S. M. Louis XVIII. »

AVRIGNY (C.-J.-L. d'), chef du bureau d'économie politique et du contentieux des colonies, au ministère de la marine (1809), en sa qualité de poëte, a chanté la campagne d'Autriche, dans une ode superbe, dont voici deux strophes admirables:

Les destins ont parlé, tout cède à leur puissance;
Et plus grand chaque jour, le héros de la France
S'élève, triomphant des plus fiers potentats;
Sous leur choc s'affermit son immortel empire;
Et de tant d'ennemis qu'un fol orgueil inspire,

Les torrens dissipés s'écoulent sur ses pas.

Ainsi le pic altier, du sein des vastes ondes,
Au bruit des cieux tonnans et des vagues profondes,
De feux étincelant s'élance dans les airs;
Il grandit, il étend l'orgueil de ses rivages,
Et, debout sur les flots, le front ceint de nuages,
Voit mourir à ses pieds le vain courroux des mers.

Après avoir chanté les campagnes de Napoléon, le poëte embrasse un autre sujet, et dans un chant nuptial, composé à l'occasion de son mariage avec Marie-Louise d'Autriche, il fait intervenir la Paix qui lui adresse les vers suivans :

« Superbe vainqueur des Germains,
» Le Ciel, par tes bienfaits, veut rassurer la terre;
» De la Discorde et de la guerre
» Les feux, de tous côtés, s'éteindront par tes mains.
» L'hymen te réserve Louise;
» Digne ornement des bords lointains
» Que le Danube fertilise,
» C'est elle qu'aujourd'hui les ordres des Destins,
» Pour le bonheur du monde, à la France ont promise. »

On voit que M. Davrigny n'est pas avare d'encens et de louanges, quand les circonstances se présentent. Aussi la naissance du roi de Rome a été pour ce poëte un nouveau sujet d'exercer sa verve lyrique dans une ode dont nous citerons la fin.

Quel éclat t'environne, et quel destin t'appelle,
Jeune et brillante fleur d'une tige immortelle !
La Terre te salue, et le Ciel te sourit.
Le trône est le berceau qui reçoit ton enfance;
Et l'appui de la France
S'offre à nos yeux encor dans le fils qu'il chérit.

Dès sa naissance orné des grâces de sa mère,
Bientôt le rejeton d'un si glorieux père
Doit marcher sur ses pas, doit s'instruire à sa voix ;
Et l'auteur de ses jours lui seul est digne d'être
      Le modèle et le maitre
D'un fils né, comme lui, pour régner sur les rois.

Guerriers, n'en doutez pas : le siècle qui commence
Verra, toujours debout, cet édifice immense
S'étendre par delà l'intervalle des mers ;
Et du trône français, au loin resplendissante,
      La majesté croissante
Des rayons de sa gloire emplira l'univers.

Des chants si beaux et si sublimes ont valu à M. Davrigny le titre de conseiller honoraire sous le Roi, et celui de censeur royal des pièces de théâtre, qu'il mutilait à loisir pour la plus grande gloire de Dieu et l'édification des auteurs dramatiques.

AZAIS, connu dans la république des lettres par son fameux Système des *compensations*, adressa au mois de mars 1809, à l'empereur, un discours amfigourique, qui commence ainsi :

« Sire, l'époque où nous sommes, celle où vous
» avez pris, par droit de force et de génie, le premier
» sceptre de la terre, est celle où l'esprit de l'homme
» doit enfin connaitre cette cause universelle qui tient
» le sceptre du monde. Il a suffisamment interrogé ses
» effets ; il a suffisamment pris dans les réponses de
» chacun ce qui devait former une réponse commune.
» Cette réponse, absolument universelle, et par cette
» raison parfaitement simple, l'esprit humain l'a con-
» fiée à un de vos sujets. Sire, L'esprit humain avait

» besoin d'un organe ; j'ai eu l'honneur d'être choisi. »

En septembre 1811, ce qui valait beaucoup mieux, M. Azaïs fut choisi pour inspecteur de l'imprimerie et de la librairie dans les départemens de la Drôme, de l'Ardèche, du Gard, de la Lozère et de Vaucluse ; et lors de l'arrivée du Roi, ce littérateur, qui aime beaucoup les compensations, se fit nommer inspecteur de la librairie à Nancy.

B.

BARBÉ-MARBOIS, ancien intendant aux colonies, membre du conseil des anciens, déporté à Sinnamary, après la journée du 18 fructidor an 5e. ministre du trésor public en l'an 10e., grand-aigle de la légion-d'honneur le 23 pluviose an 13e.; comte d'empire, et premier président de la cour des comptes, lors de sa réorganisation. Ce fut en cette dernière qualité qu'il adressa à l'empereur, le 24 janvier 1809, le discours suivant :

« Sire, votre cour des comptes vient joindre ses
» félicitations à celles de tous les corps de l'état, de
» tous les sujets de votre empire. Loin de vous, tout
» manque à notre bonheur ; votre présence nous rend
» toutes nos espérances, nos affections ; notre zèle n'a
» pas langui, tandis que vous étiez absent ; il se rani-
» mera sous vos regards. Nous avons joui de vos vic-
» toires ; mais nous jouirons surtout des biens que vos
» lois et votre génie nous assurent. »

L'arrivée du Roi ne déplaça point le président de la chambre des comptes, où il fut maintenu en mai 1814 ;

nommé pair de France le 4 juin suivant, et en mai 1815, conseiller honoraire de l'Université royale de Paris.

BARBOU (N.), de la famille des imprimeurs de ce nom, entré au service comme soldat, s'éleva de grade en grade jusqu'à celui de général de division le 18 octobre 1799; chevalier de l'empire; officier de la légion-d'honneur par l'empereur, et grand officier de ladite légion par le Roi, le 23 août 1814.

BARRAL (Louis-Mathias de), né à Grenoble le 20 avril 1746; sacré le 5 octobre 1788; archevêque de Tours en 1805, premier aumônier de S. M. l'impératrice Joséphine; membre du sénat conservateur le 19 mai 1806; comte d'empire, officier de la légion-d'honneur; grand'croix de l'ordre impérial de la Réunion; pair de France, par le Roi, le 4 juin 1814, et pair de France encore, par l'empereur, le 5 juin 1815. *Cœlum petimus stultitiâ*.

BARRÉ, RADET, DESFONTAINES. Ce noble trio de vaudevillistes et de chansonniers, que le ciel créa pour amuser et réjouir Paris et les départemens, ne laissa jamais échapper la moindre occasion de faire une pièce ou une chanson relative aux circonstances. Au 21 mars 1811, ils firent chanter, au théâtre du Vaudeville, cinq couplets sur la naissance du roi de Rome, dont voici le premier pour échantillon des autres :

  Au point du jour, avec ivresse,
  Nous entendions le gros bourdon;
  Mais à cette douce allégresse
  Il manquait le bruit du canon.

Vingt coups auraient pu nous suffire;
Ça nous aurait égayés tous :
Mais v'là qu' pour nous mettre en délire,
Le canon a fait les cent coups, etc., etc.

Ces messieurs ne sont pas restés en si beau chemin, et dans une pièce intitulée : *la Dépêche Télégraphique*, faite à la même occasion, le public fit répéter les deux couplets suivans :

Dans mon souverain, moi, je dis
Qu'on voit tous les genres de gloire,
Et que le ciel, de père en fils,
Doit en consacrer la mémoire.
Or, c'est un garçon qu'on aura,
Et ce garçon, que moi j'espère,
Songez ce qu'un jour il sera,
Pour peu qu'il ressemble à son père.

De Mars l'enfant recevra
  Ardeur, force et vaillance;
Apollon lui donnera
  Génie, esprit, science;
Minerve le guidera
  Dans sa noble carrière;
Mais son meilleur guide sera
  L'étoile de son père.

Après avoir célébré le père et le fils, sans invoquer le Saint-Esprit, le trio de la rue de Chartres, dans une bagatelle intitulée : *le Petit Voyage du Vaudeville*, faite à l'occasion de l'entrée du Roi à Paris, décocha couplets sur couplets, analogues aux circonstances; au vaudeville final, un pâtissier déroule une longue inscription conçue en ces termes :

Je pâtissais,
Tu pâtissais,
Il pâtissait,
Nous pâtissions,
Vous pâtissiez,
Ils pâtissaient,
Nous ne pâtirons plus.

Qu'on nous dise après cela que MM. Barré, Radet et Desfontaines ne savent pas conjuguer leurs verbes!..

BARRÈRE DE VIEUZAC (Bertrand), né à Tarbes, en 1756, député à l'assemblée constituante et membre de la convention nationale, se signala dans cette dernière par sa dextérité à observer les divers partis, afin de pouvoir suivre sans danger celui qui triompherait; et surtout par ses discours appelés *Carmagnoles*, qu'il faisait au nom du comité de salut public, sous Roberspierre. Après avoir servi ce dernier, il l'abandonna au 9 thermidor, et fut un de ceux qui le dénoncèrent comme un tyran qui devait être mis hors la loi. Souple et faux, on est encore à connaître sa manière de penser, sa véritable opinion. La convention, qui n'était pas toujours conséquente dans ses principes, néanmoins le déclara à jamais, ainsi que plusieurs de ses collègues, irréligible à toutes fonctions. Ce qui n'empêcha pas cependant les électeurs de son département de le nommer à l'un des conseils; mais sa nomination fut annulée. Elu membre de la chambre des représentans en 1815, il commençait déjà à perrorer, lorsque le retour du Roi mit fin à ses nouvelles *carmagnoles*. C'était lui qui disait à la tribune de la convention, *qu'il n'y avait que les morts qui ne revenaient point; qu'on battait monnaie sur la place de la Révolution.*

M. Barrère est littérateur; et dans ses loisirs, il a publié quelques ouvrages, et des traductions de l'italien. Il a travaillé au *Mémorial Britannique*, dont on prétend qu'il était co-propriétaire avec M. Rippert. On croit aussi qu'il était un des collaborateurs du *Point du Jour*, journal qui parut au commencement de la révolution.

BARTHÉLEMY, neveu du célèbre abbé de Barthélemy, auteur du *Voyage d'Anacharsis en Grèce;* ambassadeur de France en Suisse sous la convention nationale; l'un des cinq directeurs de la république; déporté à la Guyanne à la suite de la journée du 18 fructidor an 5; comte d'empire; commandant de la légion-d'honneur, et membre du sénat conservateur le 24 pluviôse an 8; pair de France le 4 juin 1814; vice-président de la chambre des pairs; grand-officier de la légion-d'honneur le 8 janvier 1815..... On voit que M. Barthélemy a joué son rôle tout aussi bien qu'un autre.

BAYANNE (Alphonse-Hubert-Lathier de), né en 1739, cardinal en 1801, membre du sénat conservateur en juillet 1805, comte d'empire et grand-officier de la légion-d'honneur, signe l'acte constitutionnel qui appelle au trône Louis-Stanislas-Xavier de France; pair de France le 4 juin 1814.

BEAUCHAMP (Alphonse de), s'est fait connaître dans le monde littéraire,

1°. Par une *Histoire de la Vendée*, 3 vol. in-8°. ;

2°. Par une *Histoire du Brésil*, compilation sans discernement, sans goût ;

3°. Par la *Campagne de 1814*, qui l'a fait condamner comme calomniateur, ce qui n'en méritait pas, en vérité, la peine ;

4°. Et par des articles prétendus politiques signés D, dans la *Gazette de France* ;

5°. Enfin par d'autres brochures imprimées par le libraire Emery.

Dans le cours de la révolution, il fut employé sous le ministre Sotin.

On prétend qu'il a été nommé par Louis XVIII, sous-préfet ; mais on ignore encore le nom de sa sous-préfecture.

BEAUSSET (Louis-François de), né à Pondichéry, en 1748 ; ancien évêque d'Alais, depuis baron d'empire, membre du chapitre de Saint-Denis ; conseiller titulaire de l'Université impériale ; président du conseil royal de l'instruction publique le 17 février 1815, à la place de M. de Fontanes, parce que 40,000 fr. de traitement sont toujours bons à toucher, surtout lorsqu'on est ministre d'une religion qui prêche le désintéressement, et le détachement des biens et des vanités de ce monde. Mais comme tout change ici-bas, par décret du 31 mars suivant, M. l'ancien évêque d'Alais, forcé par les circonstances à renoncer à sa présidence et aux 40,000 francs de traitement, reprend modestement ses fonctions de conseiller titulaire de l'Université impériale : membre de la chambre des pairs en octobre 1815 :

Je n'ai fait que passer, il n'était déjà plus.

M. de Beausset est auteur d'une *Vie de Fénélon*, 3 vol. in-8°., et d'une *Vie de Bossuet*, 4 vol. in-8°., qui lui assurent un rang distingué parmi les auteurs modernes.

BEAUVARLET - CHARPENTIER, compositeur, éditeur, marchand de musique, et organiste de la paroisse Saint-Paul-Saint-Louis, compose, met au jour et vend également la musique des paroles faites ou pour l'empereur ou pour le Roi; persuadé qu'un compositeur ou un marchand de notes doit avoir pour toute règle de son opinion et de sa conduite ce vers de Lafontaine.

La raison du plus fort est toujours la meilleure.

BÉGOUEN, manufacturier au Hâvre, député à l'assemblée constituante; comte d'empire, commandant de la légion-d'honneur, conseiller d'état à vie (section de l'intérieur, service ordinaire); commissaire extraordinaire du Roi dans la 15e. division militaire; conseiller d'état le 4 juillet 1814; conseiller d'état par l'empereur, 26 mars 1815. On voit que M. Bégouen a pris sérieusement le parti de donner des conseils à tous les gouvernans légitimes ou illégitimes, et qu'il n'abandonnera jamais une si belle prérogative.

BELLIARD, comte d'empire, général de division de cavalerie, le 25 avril 1800; grand officier de la légion-d'honneur, le 25 décembre 1806; grand cordon de ladite légion, le 23 août 1814; commandant de la couronne de Fer, de l'ordre impérial de la Réunion; pair de France le 4 juin 1814, premier inspecteur général des cuirassiers sous l'empereur, major général de l'armée commandée par monseigneur le Duc de Berry le 15 mars 1815 ; le 20 du même mois, ce général fait rentrer dans Paris les troupes qu'il avait conduites à Melun contre l'empereur ; chevalier de Saint-Louis, pair de France le 6 juin 1815. Que deviendra M. Belliard ? car il n'est pas homme à s'arrêter dans une si brillante carrière.......

I. BÉRENGER, médecin à l'hôpital de Grenoble, député du département de l'Isère au conseil des Cinq-Cents, membre des commissions législatives, puis tribun du peuple ; conseiller en 1801, et nommé successivement par l'empereur comte d'empire, commandant de la légion-d'honneur et directeur général de la caisse d'amortissement : des places lucratives unies à des fonctions honorables, voilà de quoi amener un peu de versalité dans les opinions et dans la conduite ; aussi M. Bérenger, voulant conserver les unes et les autres, parvint à se faire nommer par le Roi, le 12 mai 1814, directeur général des impositions indirectes, et le 4 juillet, conseiller d'état, service ordinaire.

II. BÉRENGER (Laurent-Pierre), né à Riez en Provence en 1749, professeur d'éloquence, auteur de la *Morale en action*, et d'une pépinière de petits vers ; dans une cantatille exécutée à Lyon, lors du passage de Bonaparte, il disait :

Le voilà, le voilà, le dieu la victoire !
Voilà ses faisceaux triomphans !
Voilà ces guerriers si vaillans
Dont les noms sont inscrits au temple de mémoire !
Lyon ! Lyon ! si fière de ta gloire !
Que la reconnaissance éclate dans tes chants ! etc.

Ainsi chantait M. Bérenger en 1800. En 1802, dans une épître adressée à M. l'abbé de Lille, il s'exprimait de la manière suivante :

Un grand homme a paru : ses sages volontés
Règlent tous les pouvoirs rivaux ou limités;
Le sien consolidé par un usage auguste,
Invoqué, raffermir, du juste et de l'injuste
A d'abord rétabli les pures notions,
Qu'anéantit dix ans le jeu des passions.
Ainsi, par un seul mot, l'ordonnateur des sphères,
Asservit à ses lois leurs mouvemens contraires.

Bonaparte n'était alors que consul ; mais Bonaparte, devenu empereur, reçut de M. Bérenger, au nom de l'académie de Lyon, ce petit éloge en prose.

« Votre nom glorieux brille à la tête de ses fastes où
» la reconnaissance devait inscrire le restaurateur de
» nos travaux. Mais vous en occupez encore le premier
» rang, ainsi qu'à l'Institut, comme inventeur, à
» l'exemple de César et de Frédéric, d'une tactique
» toujours nouvelle et toujours triomphante, et
» comme auteur d'un système de politique et d'ad-
» ministration, qui, en rétablissant l'équilibre de l'Eu-
» rope, va redonner le bonheur à la France et à
» l'Italie, et mériter à V. M. la reconnaissance du
» monde entier, après avoir fixé son admiration. »

On a encore de M. Bérenger des pièces de vers et des morceaux de prose relatifs aux circonstances, entr'autres une brochure ayant pour titre *la Terreur et les Terroristes*, philippique contre les premières horreurs de la révolution, in-8°., qu'on chercherait vai-

…vement aujourd'hui, toutes les éditions en ayant été entièrement épuisées, et n'en existant pas même un seul exemplaire pour en faire une nouvelle.

BERGON, comte d'empire, membre de la légion d'honneur, directeur général de l'administration des eaux et forêts de l'empire, conseiller d'état, maintenu par le Roi dans ses places et titres. Ce fut lui qui, le 17 avril 1814, adressa à Monsieur, au nom du conseil d'état, une petite harangue, dans laquelle il dit :

« Enfin, les fils de saint Louis et de Henri IV nous
» sont rendus! nos cœurs sont au Roi et à son au-
» guste famille, et nos pensées, notre zèle et notre
» dévouement lui appartiennent...... » etc., etc.

BERNADOTTE (Charles-Jean), né à Pau, le 26 janvier 1764, se signala par son républicanisme au commencement de la révolution, et parvint du grade d'officier à celui de général. Envoyé en ambassade à Vienne après le traité de Campo-Formio, ministre de la guerre, maréchal d'empire; prince de Porte-Corvo nommé par l'empereur, qui influença tellement le cabinet de Stockolm, qu'il le fit asseoir à côté du roi de Suède. Pour s'en montrer reconnaissant, le maréchal entra dans la coalition des souverains armés pour détrôner Napoléon. Jusqu'au moment où Bernadotte devint prince héréditaire de Suède, on croit qu'il avait prêté neuf ou dix sermens différens, suivant le temps et les circonstances.

BERNARDI (Joseph-Eléazard-Dominique), ancien député, membre de l'Institut, chef de division au ministère du grand-juge, confirmé par le Roi dans cette place avec la croix de la légion-d'honneur, et en octobre 1814, nommé censeur royal.

BERTHOLET (Claude-Louis), un de nos savans les plus distingués, membre de l'Institut, grand officier de la légion-d'honneur, grand officier de l'ordre impérial de la Réunion, sénateur le 3 nivose an 8, porté sur la feuille des bénéfices à la sénatorerie de Montpellier ; comblé des bienfaits de l'empereur qui lui avait donné 100,000 écus pour réparer les pertes qu'il avait faites en expériences chimiques, il n'en signa pas moins sa déchéance, et fut nommé pair par le Roi le 4 juin 1814.

BERTON a composé la musique d'une foule de pièces qui ont eu le plus grand succès, et de plusieurs morceaux à la louange de l'empereur ; et comme il faut toujours que M. Berton compose, il fit la musique d'une cantate exécutée à l'Hôtel-de-Ville, jour de la Saint-Louis, devant la famille royale, ainsi que celle d'une foule de fragemens en ce genre, sortis de la plume de M. Dupaty.

BEUGNOT, comte d'empire, officier de la légion-d'honneur, commissaire impérial et ministre des finances dans le grand duché de Berg, conseiller d'état, service ordinaire ; ce n'est pas tout, au mois de mars 1814, M. Beugnot fut appelé à la direction générale du royaume, et le 3 avril suivant, nommé par le gouvernement provisoire commissaire à l'intérieur ; par le Roi, conseiller d'état le 4 juillet 1814 ; et en décembre de la même année, il s'installa au ministère de la marine et des colonies, qu'il fut obligé de quitter le 20 mars 1815. S'étant rendu à Gand, il en revint avec le titre de ministre d'état et celui de directeur général des postes.

M. Beugnot sait, tout comme un autre, faire de petits discours *louangeurs*; avant 1814, parlant à l'empereur au nom du collége électoral du département de la Haute-Marne, il terminait ainsi sa harangue :

« Sire, quel vœu pourrions-nous apporter aux pieds
» de votre majesté? Nul autre que celui que nos pères
» apportèrent aux pieds de Louis XII ; que le ciel
» conserve votre personne sacrée pour le bonheur de
» ses peuples et l'exemple des rois! et puisse-t-il re-
» trancher de nos jours pour ajouter aux vôtres ! »

BEURNONVILLE (P. Rejet de), général sous la république, prétendit qu'à l'affaire de Grewenmacher, où il commandait, après trois heures d'un combat opiniâtre, les ennemis avaient perdu plus de mille hommes, tandis que les Français en avaient été quittes *pour le petit doigt d'un chasseur, encore les ennemis n'avaient-ils pas eu l'avantage de le lui enlever, car lui-même s'était blessé en chargeant son arme.* Ce qui lui valut l'épigramme suivante :

Quand d'ennemis tués on compte plus de mille,
Nous ne perdons qu'un *doigt*, encor *le plus petit*.
   Holà ! monsieur de Beurnonville,
   Le petit doigt n'a pas tout dit.

Ministre de la guerre en 1793, on le vit par la suite des temps sénateur, grand-officier de la légion-d'honneur, pair de France le 4 juin 1814, ministre d'état composant le conseil du Roi, et un des cinq membr[es] du gouvernement provisoire le 1er. avril 1814.

I. BOISSY-D'ANGLAS (François-Antoine), né [à] Annonay, le 8 novembre 1756; avant la révolution avocat au parlement de Paris, homme de lettres maître-d'hôtel de *Monsieur*, aujourd'hui Louis XVIII; et depuis la révolution, membre de l'assemblée constituante; membre de la convention, du conseil d[es] Cinq-Cents; tribun du peuple, membre de l'Institu[t], comte d'empire, commandant de la légion-d'honneu[r], membre du sénat-conservateur; pair de France par [le] Roi le 4 juin 1814; commissaire extraordinaire [de] S. M. I., envoyé à Bordeaux; pair de France le 6 ju[in] 1815. M. Boissy-d'Anglas est un homme universel; [il] est de plus un homme zélé pour tous les partis; il f[ait] l'apologie de la république, encense le consulat, co[m]plimente l'empereur, jure fidélité au Roi; il parl[e] encore au nom de Napoléon en 1815.

II. BOISSY-D'ANGLAS, digne fils du précéden[t], baron de l'empire; nommé par l'empereur préfet de [la] Charente, en 1811; maître des requêtes ordinaire [du] Roi le 4 juillet 1814, et préfet de la Charente-In[fé]rieure en 1815. Un pareil début faisait présumer q[ue] M. Boissy-d'Anglas n'en resterait pas là; mais.....

BONALD (de), de la province de Rouerge, s[ur]nommé le Lycophron de la littérature, est connu p[ar] une foule de brochures sur des matières de politique [et] de gouvernement, qui ne brillent pas par la clarté [des] idées et l'élégance du style, mais qui n'en ont p[as] moins été vantées par ceux de son parti. De la pr[é] dence du département de l'Aveyron, en 1791, il passa quelques années après à la rédaction du *Mercure de France;* et lors de la création de l'Université impériale, il en devint conseiller titulaire. En 1814, il obtint la même place, et accepta, le 17 février 1815, celle de conseiller au conseil royal de l'instruction publique.

> *Benè, benè agere,*
> *Dignus est intrare*
> *In nostro docto corpore.*

I. BONAPARTE (Napoléon), né en 1769 à Ajaccio en Corse, d'une famille noble, fut élève de l'école militaire de Brienne. Du grade de simple sous-lieutenant dans un régiment d'artillerie, il parvint à celui de général des armées de la république, et jura *haine à la tyrannie.* Il disait, le 19 brumaire, lors de la fameuse assemblée de Saint-Cloud, aux grenadiers qui l'entouraient : « Camarades, tournez sur moi vos » baïonnettes, si jamais j'abandonne la cause sacrée » de la liberté ». Et il se fit nommer premier consul de la république, empereur des Français, roi d'Italie, protecteur de la confédération du Rhin, médiateur de la confédération suisse, etc.; il abdique au mois d'avril 1814; le 20 mars 1815, il proteste contre son abdication; le 22 juin suivant, il abdique de nouveau, et se livre à la discrétion des Anglais, qui l'expédient pour l'île de Sainte-Hélène.

II. BONAPARTE (Lucien), frère du précédent, membre du conseil des Cinq-Cents au 18 brumaire, ensuite ministre de l'intérieur sous le consulat, jura fidélité à la république et haine à la royauté. Partisan de l'égalité, il accepta le titre de prince de Canino, dont Sa Sainteté voulut bien l'honorer. Ce fut chez l'étranger qu'il composa son poëme de *Charlemagne* ou *l'Eglise délivrée*, en 24 chants, dans lequel on remarque les vers suivans :

> Sur un siége éclatant, vois cet autre Louis,
> Dont le regard serein exprime l'indulgence ;
> Rien ne pourra lasser sa tranquille clémence,
> Et dans tous ses sujets il aura des amis.
> Que de pleurs répandus à son heure dernière !
>   Privés d'un si bon père,
> Les peuples orphelins connaîtront la douleur.
> Un meilleur Roi jamais ne porta la couronne ;
> Jeune, il profitera des leçons du malheur ;
> Monarque, il placera la bonté sur le trône.

Il paraît que le républicanisme du prince Lucien s'était un peu humanisé, et que les rois ne lui faisaient plus horreur. *O tempora ! ó mores !*

BONDY (Taillepied de), comte d'empire, officier de la légion-d'honneur, fut nommé par l'empereur préfet du Rhône à Lyon. Ce qui ne l'empêcha pas d'écrire au prince Bénévent la lettre suivante, datée de Paris 11 avril 1814 :

« Monseigneur,

» Aussitôt que j'ai appris les événemens qui viennent
» de se passer, je me suis empressé de me rendre dans
» cette ville pour apporter au gouvernement provisoire
» mon adhésion pleine et entière aux actes du sénat
» du gouvernement. Personne plus que moi ne désire
» de pouvoir consacrer ses faibles moyens au service

de l'illustre maison de Bourbon, qui nous est rendue pour le bonheur de tous les Français.

» J'ai l'honneur d'être, etc.

» Le comte de BONDY, *maître des requêtes,*
» *préfet du département du Rhône.* »

Le Roi fut sensible aux sentimens et au dévouement de M. le comte de Bondy, et le nomma, le 20 mars 1814, commandant de la légion-d'honneur. Mais, comme l'appétit vient en mangeant, M. le comte, au mois de mars 1815, n'osa refuser la préfecture du département de la Seine, à laquelle l'empereur le nomma.

BOSIO, sculpteur, palais des Beaux-Arts, a fait d'après nature :

1°. Le buste de S. M. l'empereur et roi;

2°. Celui du roi de Rome, peu de jours après sa naissance;

3°. De S. M. la reine de Westphalie (épouse de Jérôme Bonaparte), etc., etc., exposés au *Musée Napoléon*, sous les n°. 1007, 1009, 1010, etc., de la notice, le 1er. novembre 1812;

4°. Le buste de Louis XVIII, exposé au *Musée royal* des arts, le 1er. novembre 1814, sous le n°. 1420 de la notice.

BOSSI (N.), baron d'empire, préfet du département de la Manche sous l'empereur en 1811, sous le gouvernement provisoire en 1814, sous le Roi dans la même année, et sous l'empereur en 1815. On a de ce préfet deux petits discours à LL. MM. II. et royales, lors de leur voyage dans le département de la Manche, en

1811, qui, au changement près de quelques mots, peuvent être adressés à un souverain quelconque, qui voyagera dans ce département.

BOTTA (Charles), né en 1766, docteur du collége de médecine à l'université de Turin, en l'an 4, médecin de première classe à l'armée des Alpes, et ensuite à celle d'Italie ; membre du gouvernement provisoire en l'an 7 ; membre de la consulte en l'an 8, etc., etc. ; membre du corps-législatif, député de la Doire ; chevalier de l'ordre impérial de la Réunion, signa, le 3 avril 1815, la déchéance de Napoléon, et n'en fut pas moins nommé, le 1er. juin, recteur de l'académie de Nancy. A voir ce médecin s'agiter ainsi dans le tourbillon politique, quelques mauvais plaisans demanderont quel était le temps que M. Botta avait choisi pour aller visiter ses malades.

BOULAY (de la Meurthe) avait juré *de maintenir la république, et haîne à la royauté*, sous le directoire. Il oublia bientôt ses sermens pour devenir comte d'empire, commandant de la légion-d'honneur ; conseiller d'état à vie ; président de la section de législation, chargé du contentieux des domaines avant 1814. Le trône impérial renversé en 1814, M. Boulay envoie son adhésion au retour de la famille des Bourbons. Dix mois après, Bonaparte paraît, et le 25 mars 1815, M. Boulay assiste à la première séance du conseil d'état, tenue sous la présidence de l'empereur, et est nommé ensuite membre de la chambre des représentans de Bonaparte.

BOULOGNE (Etienne-Antoine de), baron d'empire, membre de la légion-d'honneur, évêque de

Troyes, sacré le 2 février 1809, célèbre prédicateur, débuta dans le monde par l'éloge de saint Louis prononcé, avant la révolution, devant l'académie française, devint secrétaire du concile national convoqué à Paris en 1811, donna sa démission d'évêque; remonté sur son siége en 1814, il prononça, dans l'église de Saint-Denis, le 21 janvier 1815, l'éloge funèbre de Louis XVI, dont on trouve des fragmens dans une brochure in-8°., publiée en 1815, intitulée: *La France en deuil*. Mais la pièce la plus curieuse de cet évêque est le passage suivant du discours d'ouverture prononcé en 1807 au chapitre général des Sœurs de la Charité, présidé par Madame mère, et duquel il était secrétaire.

« Gloire donc et actions de grâces au héros répara-
» teur, qui, au milieu des plus hauts faits dont l'his-
» toire fasse mention, n'a pas dédaigné de porter un
» regard favorable sur vos pieux asiles, et vient,
» par son nouveau décret, leur donner un nouveau
» gage de leur durée, comme un garant de plus de
» leur prospérité : génie unique, qui suffit à tout, et
» auquel rien ne semble suffire ; qui ne laisse rien
» échapper à sa vigilance, ainsi qu'à sa valeur; qui ne
» trouve rien au-dessus de sa sollicitude, ainsi que
» rien au-dessus de sa puissance ; qui ne s'occupe pas
» moins des Sœurs de la Charité que de ses capitaines ;
» qui élève à-la-fois des hospices et des arcs de triomphe;
» qui, non moins habile dans la science des détails que
» dans ces vastes plans qui embrassent l'ensemble, tient
» jusqu'au dernier fil de l'administration, et trace un

» décret sur les Hospitalières, de cette même main
» qui balance le sort des rois, et signe le destin du
» monde.... » etc. etc.

BOURDOIS, ci-devant oratorien, las d'être inutile à ses semblables, sollicita, en 1806, une place de conseiller ordinaire et d'inspecteur de l'Université impériale, l'obtint et continua à la remplir jusques et compris 1813. Moyennant un serment, sa M. le Roi des Français le maintint dans sa place. L'empereur revient, M. Bourdois, à qui les sermens coûtent peu, se retrouve dans son même fauteuil en 1815.

BOURIENNE, secrétaire intime de l'empereur, dont il avait été le camarade de collége, devint conseiller d'état, chargé d'affaires à Hambourg, au nom de S. M. I. et R. En avril 1814, le gouvernement provisoire le nomma directeur général des postes, en l'absence de M. de la Vallette; le 4 juillet de la même année, conseiller d'état, et dans le mois de septembre, chargé d'affaires au nom de S. M. Louis XVIII. A son retour, il fut nommé préfet de police à Paris, le 14 mars 1815, fonctions qu'il remplit jusqu'au 20 du même mois, et en juillet président du collége électoral du département de l'Yonne.

BOUTARD, un des rédacteurs du *Journal de l'Empire* ou *des Débats*, sous la signature de M. B. Ce journaliste, à l'instar de ses illustres confrères, comme un nouveau Janus, s'est montré sous plusieurs faces. Le 5 avril 1813, il commençait ainsi un de ses articles, relativement à l'expédition d'Egypte :

« De toutes les grandes choses qui se sont faites de

» nos jours, aucune peut-être n'est plus digne de
» l'attention du monde, que cette fameuse expédition
» d'Egypte dont on publie aujourd'hui la relation et
» les précieux résultats; entreprise jusqu'alors sans
» exemple, qui ne pouvait en effet s'exécuter que
» dans un siècle tel que le nôtre, et sous la conduite
» d'un héros auquel les précédens n'ont rien qu'ils
» puissent comparer....» etc. etc.

Le 10 mai 1814, en parlant des maux inséparables de l'invasion de notre territoire par les troupes étrangères, il s'écriait :

.... « Mais à qui se prendre de ces désastres ? Ne
» sont-ils pas, comme tant d'autres, les fruits de
» l'ambition, de l'orgueil, de l'avarice, de la dureté
» d'âme du tyran? N'est-ce pas Bonaparte, et Bona-
» parte seul, qui a rassemblé de tous les points de
» l'Europe, pour les amener comme par la main,
» sur nos frontières, ces multitudes d'armées formi-
» dables? Et lorsqu'elles ont eu atteint ces frontières,
» n'est-ce pas Bonaparte encore qui n'a rien fait pour
» empêcher de les franchir? La France, envahie, était
» bonne pour se défendre, et lui avec elle. Sa po-
» litique hasardeuse ne voyait, dans l'invasion de no-
» tre territoire, dont, après tout, les peuples lui sont
» étrangers, qu'un prétexte aux impôts arbitraires et
» sans bornes, aux conscriptions anticipées, aux levées
» en masse, à l'armement des femmes et des enfans, à
» toutes les sortes de mesures destructives pour nous,
» sur lesquelles il fondait le salut des siens », etc.

BOUVET (A.-J.-B.), du régiment du Roi infanterie, du corps royal d'artillerie de la marine de Brest, chef d'imprimerie de l'armée navale, et membre de l'Université de France, fut enchanté de la naissance du roi de Rome, et exprima la joie qu'il en ressentait par une pièce de vers latins, insérée dans les *Hommages poétiques* (Paris 1811), dont nous transcrivons ici les passages suivans :

Expectate puer, Gallorum gaudia, salve !
Salve, noster amor, patrii spes maxima regni !
Salve, quæ tua nunc, magnæ spes altera Romæ !
Roma virûm mater, studiis asperrima belli,
Heroum genitrix, mundo dominata tot annos,
Quod non ante fuit, vix ortum voce salutat
Concordi, regisque sui te nomine dilat.

. . . .

Non te magnifico magnum Jovis incrementum,
Carmine cantabo, vel Bacchi aut Herculis : alma
Gallia te peperit, genuit quæ Gallia patrem :
Hæc tua nobilitas, titulos supereminet omnes :
Disce, puer, lœtam risu cognoscere matrem,
Et tibi sufficiat quod NAPOLEONE creatus,
Nobilitate vales verâ, prolemque fatetur
NAPOLEO ipse suam, mansuri sanguinis auctor.

. . . .

Dans le Journal de Paris, du 28 avril 1814, on lisait ce sixain de M. Bouvet, adressé A HENRI IV SUR LE PONT-NEUF :

Lilia cum redeant, redeat pax aurea Gallis !
  Henricusque novo ponte resurgat ovans !
Felicem populo dederat qui vivere vitam,
  Vivit adhuc... ovives, concelebrate virum !
En Populi et Rex et pater ! Alto fronte refulgent
  Fama, decus, nomen non onerosa suis.

Ces vers suffisent pour assigner à M. Bouvet une place distinguée sur la Parnasse latin, et pour lui faire obtenir bientôt un brevet de chevalier dans l'ordre de la Girouette.

BOUVIER (Claude-Pierre), né en 1759, d'avocat au parlement de Dijon, devint successivement professeur à l'université de droit, maire de Dole, baron d'empire, membre de la légion-d'honneur, procureur général de Besançon, membre du corps-législatif et de la chambre des députés, et disait, selon le *Journal des Débats*, du 6 juillet 1814.

« Contribuons à ramener les bonnes doctrines et
» à rétablir la morale; elle est le premier besoin des
» peuples. Unis de sentimens et d'opinion au monarque
» le plus digne d'être aimé, montrons à la nation,
» dont nous avons l'honneur d'être les mandataires,
» que, pénétrés de nos devoirs envers elle et envers
» son auguste chef, nous n'épargnerons le concours
» d'aucun de nos efforts pour que le corps politique
» marche d'un pas ferme vers une prospérité toujours
» croissante. »

Le succès n'a pas couronné les efforts de M. Bouvier, et il a échoué comme mille autres, malgré ses bonnes intentions.

BRANCAS (Albert de), chambellan de S. M. l'empereur et roi, adjudant commandant de la garde nationale de Paris, le 8 janvier 1814, prêta serment de fidélité entre ses mains, le 16 du même mois. Cependant le *Journal des Débats* du 7 avril suivant, article *Paris*, s'énonce de la manière suivante:

« Ce fut lui (Albert de Brancas), qui le premier
» excita au milieu des braves que le sort des armes
» avait trahis, et qu'il rencontra le 2 avril sur le
» boulevart de la Madeleine, à applaudir par leurs
» acclamations et les cris de *vive le Roi!* aux nou-
» velles destinées de la France. »

En sa qualité de mousquetaire, M. de Brancas fut présenté au Roi, entre les mains duquel il prêta serment de fidélité.

BRAZIER. Qui ne connaît en France M. Brazier, un des coryphées de nos chansonniers et vaudevillistes? Joyeux convive du *Caveau moderne*, il a voulu, comme un autre, célébrer la naissance du roi de Rome dans une chanson connue sous le titre de *le Voilà*, ou *le Vœu de la France exaucé*, dont voici le premier et le dernier couplet :

Nous faisions tous des vœux,
Pour demander aux Dieux
Un prince héréditaire,
 Qui pût,
 Qui fût
Semblable à son PÈRE;
Le sort nous est prospère;
Chantons ce prince-là :
 Le Voilà!

On attendait enfin
Un être tout divin,
Dont la seule présence
 Marquât,
 Fixât,

Le sort de la France;
Mais sur ce globe immense,
Bientôt chacun dira :
Le voilà !

Ces couplets ne sont pas merveilleux ; les suivans sont meilleurs. Ils sont extraits du *Chansonnier du Lys*. (page 39, Paris, 1815.)

RONDE
SUR LE RETOUR DES BOURBONS EN FRANCE.

Quand dans un esclavage affreux,
Nous gémissions d'puis vingt années,
Qui peut donc, par un coup heureux,
Changer nos tristes destinées ?
Ma foi, convenez-en tout d' bon,
 C'est un Bourbon.

Dans les fêtes, dans les repas,
Tout se ressentait d' notr' contrainte;
Les meilleurs mets n' nous tentaient pas,
Notre soif même était éteinte...
Car pour faire trouver le vin bon,
 Vive un Bourbon.

A l'av'nir, dit's-nous qui pourra
S'attirer partout des hommages?
Qui d' nos maux nous consolera ?
Qui ramèn'ra dans nos villages
L'espoir, la joie et l' rigaudon ?
 C'est un Bourbon.

Français, trop long-temps méprisés,
Qui peut calmer toutes vos peines?
Français, trop long-temps divisés,
Qui peut éteindre tout' vos haines?
Déjà chacun de vous répond :
 C'est un Bourbon.

BRICOGNE, avant 1814, maire du 6e. arrondissement de Paris, et chevalier de la légion-d'honneur. En 1814, maintenu dans cette place, et anobli le 2 août par le Roi. Après 1814, il *salue, avec le corps municipal de Paris, S. M. l'empereur de nouvelles protestations de son respect, de son admiration, de son amour et de sa fidélité.* On ne peut guères être plus accommodant que M. Bricogne à qui nous souhaitons que ses administrés conservent toujours pour lui, respect, admiration, amour et fidélité.

BRIFFAUT (Charles), auteur de la tragédie de *Ninus II*, de *Jeanne Gray*, et du poëme de *Rosamonde* en trois chants, a composé trois pièces de vers, l'une pour célébrer le mariage de Napoléon, sous le titre de la *Journée de l'Hymen* (fragmens), commençant ainsi :

Gloire à Napoléon! Hymen, comble ses vœux!
Que le plus grand des rois en soit le plus heureux!

La seconde est une ode sur la naissance du roi de Rome, confiée aux presses de l'imprimerie impériale, par l'intervention de M. Marcel, Paris, 1811, in-4°.

La troisième a pour objet l'entrée de S. M. dans ses états, en mai 1814. La voici telle qu'elle a été mise en musique par madame de B....

Allez, nobles fi's de la gloire,
Au-devant du fils de Henri!
Portez-lui l'étendard chéri
Des Bourbons et de la victoire.

Il revient ce Monarque exilé de son trône,
  Comme un autre Œdipe appuyé
  Sur les bras d'une autre Antigone;
Sous le poids du malheur son front n'a pas ployé,
  Sa voix bénit, son cœur pardonne;
Hors son amour pour nous, il a tout oublié.

Revoyant sa patrie, autrefois si prospère,
  De ses yeux quels pleurs vont couler
  A l'aspect de notre misère!
Mes enfans, dira t-il, fier de nous rassembler,
  Respirez tous au sein d'un père;
Le Ciel vous affligea, je viens vous consoler.

  Allez, etc.

M. Briffant a fait aussi insérer dans la Gazette de France, des articles politiques de toute beauté, et tout-à-fait à l'ordre du jour dans les trois derniers trimestres de 1814.

BUACHE. *Omnes expetimus utilitatem, ad eam que rapimur*, dit Cicéron. Il paraît que M. Buache s'est long-temps et profondément pénétré de cette maxime, car on le voit membre de l'Institut, membre de la légion-d'honneur, premier hydrographe de la marine impériale; chef du dépôt des archives du ministère, et géographe du bureau des longitudes sous l'empereur; à l'arrivée du Roi, il prend le titre de premier géographe de Sa Majesté, et par *ordonnance* du 6 juin 1814, est nommé ingénieur hydrographe en chef, et conservateur au ministère de la marine royale.

BURGES *de Missiessy*, après avoir servi dans la marine de la république française, devint vice-amiral dans la marine impériale ; comte d'empire, commandant de la légion-d'honneur, le 25 prairial an 12 ; grand cordon de ladite légion par le Roi, le 24 août 1814, et préfet maritime encore par le Roi en 1815. La carrière a été longue; mais elle a été parcourue en véritable marin, qui sait diriger son bâtiment au gré des vents favorables.

C.

I. CAFARELLI (J.), comte d'empire, grand officier de la légion-d'honneur, préfet maritime à Brest, commissaire extraordinaire de la 10e. division militaire, en décembre 1813. Il trouva prudent de ne pas attendre l'issue de la bataille de Toulouse pour partir, il prit les devans. Conseiller d'état sous l'empereur, sous le Roi, et encore sous l'empereur, et pair de France le 5 juin 1815.

II. CAFARELLI, parent peut-être du précédent, lieutenant-général, comte d'empire, grand-aigle de la légion-d'honneur, chevalier de Saint-Louis, aide-de-camp de l'empereur, commandant à Rennes pour le Roi, rentré au service de l'empereur, au mois de mars 1815.

CALLET, ancien peintre du Roi et du cabinet de Monsieur, a exposé au musée Napoléon le 1er. novembre 1812, sous les nos. 153, 154 et 155 de la notice,

1°. *Allégorie sur la naissance de S. M. le roi de Rome.*

2°. *La Prise de la ville d'Ulm.*

3°. *Entrée triomphante de S. M. l'empereur et roi à Varsovie.*

Le journal des Débats (ci-devant de l'empire), qui est toujours au courant des sujets exposés au Musée, dans son article, Paris, du 12 mai 1814, donna pour certaine la nouvelle suivante :

« On a déjà pu placer dans les grands appartemens
» des Tuileries un portrait en pied de S. M. revêtue de
» ses habits royaux, ouvrage de M. Callet. Cet artiste
» avait conservé précieusement ses croquis, et plu-
» sieurs portraits de Monsieur, qui l'ont mis à même
» de devancer dans cette occasion tous ses confrères.
» M. Callet possède aussi les portraits en buste et fort
» ressemblans, de S. M. et de Monsieur, comte
» d'Artois. »

D'où l'on peut conclure que M. Callet a tout-à-la-fois de la pénétration et du calcul.

CAMBACÉRÈS, conseiller et rapporteur à la cour des aides de Montpellier avant la révolution, fut député à la convention nationale, où dans la séance du 2 brumaire an 11, s'il faut en croire le Moniteur du 11 du même mois, il prononça un discours qui peut être regardé comme une profession de foi. Sous le directoire, il renouvelle le serment de maintenir la république, et de haine à la royauté; devient successivement, et par une espèce d'enchantement, second consul en l'an 8, duc de Parme, prince, archi-chancelier de l'empire; officier civil de la famille impériale; comme grand dignitaire, membre du sénat et du conseil d'état, président de la haute-cour impériale; grand-aigle de la légion-d'honneur; non content de tant d'honneurs, de dignités et de fonctions lucratives, ce prince devient grand-cordon de l'ordre impérial de la Réunion, grand commandeur de l'ordre royal de Westphalie; grand'-croix de l'ordre de Saint-Etienne de Hongrie; chevalier de l'orde de l'Aigle-noir de Prusse, etc. etc. Le 9 avril 1814, S. A. S. écrit de Blois à S. A. le prince de Bénévent les lignes suvantes :

« Le prince archichancelier de l'empire, soussi-
» gné, déclare qu'il adhère pleinement à tous les actes
» faits par le sénat depuis le 1er avril courant, ainsi
» qu'aux dispositions qui sont la suite de ces actes. »

En conséquence, il siége au sénat dans la séance du 14 de même mois, séance dans laquelle il fut décrété que le gouvernement serait remis dans les mains de S. A. R. Monsieur, comte d'Artois, en attendant le retour de Louis-Stanislas-Xavier, Roi de France.

Le 21 mars 1815, le prince Cambacérès est nommé par l'empereur grand juge et ministre de la justice, et le 15 juin, pair de France, puis.... on sait le reste.

Ce prince ne cherchait point à soustraire sa grandeur à la curiosité publique. On l'a vu mille fois, au milieu de ses deux commensaux et acolytes, MM. d'Aigrefeuille et Ville-Vieille, et de quelques officiers de sa maison, chamarré de tous ses ordres, se promener aux Tuileries, au jardin du Luxembourg, suivi d'une foule d'enfans émerveillés d'un tel spectacle. Il aimait à être vu, et à lire dans les yeux du public la satisfaction générale que sa présence faisait éprouver.

Autres temps, autres mœurs. Le prince ne se promême plus ; il vit solitaire, et ne cherche plus d'autres consolations que dans une bonne table et dans la société de quelques parasites.

CAMET DE LA BONARDIÈRE (J. P. G.), maire du 11e. arrondissement de la ville de Paris sous l'empereur, maire du même arrondissement sous le Roi ; chevalier de la légion-d'honneur sous le premier, et officier de ladite légion sous le second, le 2 août 1814. C'est se prêter de bonne grâce à tous les changemens, et prouver clairement que, dans la même place, on n'a pas toujours la même opinion.

CAMPENON (Vincent), neveu du poète Léonard, chef adjoint de la première division de l'Université impériale, ayant pris la place de l'abbé Delille à l'Institut, un plaisant fit courir les deux vers suivans :

Au fauteuil de Delille aspire Campenon ;
Son talent suffit-il pour qu'il s'y campe?.... non.

M. Campenon, sous quelque gouvernement qu'il vive, s'est toujours fait un devoir sacré de flatter les grands, parce qu'il a la conviction intime qu'un coup d'encensoir est trop peu de chose pour devoir l'épargner à celui qui veut s'en contenter.

Après avoir été commissaire impérial du théâtre de l'Opéra-Comique jusqu'en 1814, il devint secrétaire du cabinet du Roi et des Menus sous les ordres de M. le duc de Duras, jusqu'au 20 mars 1815. A cette époque, il fit vivement solliciter pour rentrer dans ses fonctions de commissaire impérial près le théâtre Feydeau ; mais l'auteur de la Vestale, M. Jouy, fit insérer un article dans la Gazette, qui lui valut cette place.

CAMPRÉDON, baron de l'empire, lieutenant-général du corps impérial du génie; inspecteur-général du corps royal du génie; commandant de la légion-d'honneur par l'empereur, grand officier de ladite légion par le Roi; rentré de nouveau au service de l'empereur en mai 1815. *Sic itur ad astra.*

CANCLAUX (Jean-Baptiste-Camille), né le 2 août 1740, général sous la république, fut successivement nommé par Bonaparte, sénateur, grand officier de la légion-d'honneur, comte d'empire, et commissaire extraordinaire de l'empereur à Rennes, 13e. division militaire. Après la chute de Napoléon en 1814, le Roi le nomma commandeur de l'ordre royal et militaire de Saint-Louis et pair de France; il fut encore nommé par l'empereur pair de France le 4 juin 1814, et refusa, prévoyant probablement que sa pairie ne serait pas de longue durée.

CAPELLE, libraire et chansonnier, est un de ces heureux mortels qui prennent le temps comme il vient, et les hommes comme ils sont; toujours joyeux, toujours content, M. Capelle chantait en 1811, à l'occasion de la naissance du roi de Rome, sur l'air: *Comme faisaient nos pères.*

> Français, Français, le verre en main,
> Que ce jour nous rassemble!
> Chantons, buvons ensemble
> A la santé du roi romain:
> Et sa naissance,
> Et sa puissance,

Viennent en France
Doubler notre espérance.
Or sus, débouchons nos flacons,
Versons, trinquons, versons, trinquons,
Rions, chantons,
Chantons et répétons!
« Qu'il vive et qu'il prospère
» *Tout comme a fait son père*;
» *Tout comme a fait, tout comme a fait son père.* »

On peut lire dans les *Hommages poétiques*, tome II, page 307, la fin de la chanson.

En 1814, le chansonnier-libraire ne pensait plus de même, et chantait sur l'air *du Magistrat irréprochable* :

Cédant au désir de la France,
La paix est enfin de retour!
Après une si longue absence,
Louis la rend à notre amour!
La fortune a trahi l'audace;
Nous respirons en liberté......
Les malheurs que la paix efface,
Semblent n'avoir point existé; etc. etc.

Les amateurs qui voudront se procurer les quatre autres couplets, peuvent s'adresser à M. Capelle lui-même, qui n'hésitera pas un seul instant d'en laisser prendre copie.

CARION-DE-NISAS, ancien tribun, abjura la cause de la république pour embrasser celle de Bonaparte, alors premier consul. Ce fut lui qui fit le rapport au au tribunat, où il proposa d'élever à l'empire Bonaparte. Dans la réponse qu'il fit au discours de Carnot, contre l'élévation de ce dernier, on remarqua la phrase suivante :

« On a beaucoup cité, au commencement de la ré-
» volution, un monument remarquable de ces contrats
» solennels, passés à des grandes époques, je veux
» parler de ce fameux serment des Cortès, de la vieille
» Espagne, qui, si j'en crois l'histoire, fut long-temps
» *prêté* et *reçu* par mes propres ancêtres. »

De ces mots jetés pour ainsi dire au hasard, mais cependant avec quelques intentions, sans qu'il fût besoin de recourir aux généalogies que M. Carion indiquait en notes, on a conclu et même on a dû nécessairement conclure qu'il descendait des rois d'Aragon; ce qui donna lieu à l'épigramme suivante :

> Puissans Monarques de la terre,
> Voyant le tribun Carion,
> Qui descend des rois d'Aragon,
> Apprenez comme on dégénère.

Après avoir fait ses prouesses au tribunat, M. Carion-de-Nisas voulut les renouveler au Théâtre-Français. On sait que les anciens, le jour d'une grande solennité, avaient coutume d'offrir une victime qu'on sacrifiait aux dieux. Fidèle imitateur des anciens, quoique descendant des rois d'Aragon, le tribun offrit en victime, à l'époque du couronnement de Napoléon, une tragédie intitulée *Pierre-le-Grand*, qui fut sacrifiée impitoyablement par *le peuple*. *Le parterre*, selon la chronique du temps, commença à siffler cette pièce à midi, en attendant l'ouverture des bureaux, et à deux heures après minuit, les sifflets se faisaient entendre encore. L'auteur les avait provoqués par deux lettres insérées au *Journal de Paris*, des 26 et 27 floréal an 12, où il appelait ses auditeurs futurs des *Loustics* ou *Siffletiers*. Malgré ces injures gratuites, le parterre bénévole laissa parvenir la pièce jusqu'au commencement du cinquième acte. Dans une des premières scènes de cet acte, un messager arrive, porteur d'une lettre; un plaisant s'écrie : *C'est une lettre de l'auteur. — Il faut l'envoyer au Journal de Paris*, réplique un autre, faisant allusion aux lettres insérées dans ce journal par M. Carion.

Pour le consoler de la chute de sa pièce, et des mystifications du parterre, le tragique fut nommé adjudant-commandant, et devint ensuite officier de la légion d'honneur; ce qui ne l'empêcha pas d'accepter de Louis XVIII le titre de secrétaire adjoint au ministère de la guerre.

C'est M. Carion qui, en 1815, a composé le discours qui a été lu au nom des assistans *au Champ de Mai*.

Qu'est devenu depuis M. de Nisas? Où est-il? Que fait-il?

CARNOT (Lazare-Nicolas-Marguerite), capitaine au corps royal du génie, chevalier de Saint-Louis sous Louis XVI; depuis la révolution, membre de la convention nationale, membre du comité de salut public pour le département de la guerre, membre de l'Institut en 1795; membre du directoire de la république française; condamné à la déportation le 18 fructidor; rentré en France après le 18 brumaire, et bientôt ministre de la guerre, tribun, et puis rien. Jusque-là

M. Carnot se montra chaud républicain, et déploya un caractère indépendant que les Romains n'auraient pas désavoué; mais les honneurs le séduisirent; *honores mutant mores*. Il avait donné son adhésion pour la déchéance de Napoléon, en 1814; et lors du retour de ce dernier, M. Carnot accepta le titre de comte et le porte-feuille du ministère de l'intérieur. Napoléon abdique une seconde fois en 1815, et M. Carnot est nommé un des cinq membres du gouvernement provisoire.

CARRA-SAINT-CYR, officier avant la révolution, colonel sous la république, secrétaire d'ambassade à Constantinople; général de division le 27 août 1805, baron de l'empire, grand-officier de la légion-d'honneur. A tous ces titres, M. Carra-Saint-Cyr a ajouté celui de comte, que lui a accordé le Roi. En est-il plus heureux ? nous l'ignorons :

> Les richesses et la grandeur
> Ne font pas toujours le bonheur.

CASA-BIANCA, député de la Corse à la convention nationale; membre du sénat-conservateur le 4 nivôse an 8; grand-officier de la légion-d'honneur; pair de France le 4 juin 1814, nommé par le Roi; pair de France le 5 juin 1815, par l'empereur.....

CATINEAU-LA-ROCHE. Chef du bureau de l'administration de la direction générale de l'imprimerie et de la librairie en 1811 ; inspecteur du commerce en Illyrie, en 1812; secrétaire général de la préfecture de l'Aisne en 1813; sous-préfet de Saint-Quentin, en 1814 jusqu'en mai 1815, retourne tranquillement à sa sous-préfecture, au mois de juillet suivant, pour y faire arborer le drapeau blanc.

CAUCHY (Louis-François), chevalier d'empire, membre de la légion-d'honneur, secrétaire archiviste du sénat conservateur, chef des bureaux de la chancellerie dudit sénat; garde des registres et des archives de la chambre des pairs, rédacteur des procès-verbaux des séances, enfin, nommé par le Roi officier de la légion-d'honneur.

Les Hommages Poétiques à LL. MM. II. et RR., tome II, page 187, rapportent de M. Cauchy une pièce de vers latins, intitulée *Nereus vaticinator*, où cet archiviste fait preuve tout-à-la-fois de ses talens dans la langue latine et dans celle de flatter.

CHABROL-DE-VOLVIC, baron de l'empire, préfet de Montenotte, membre de la légion-d'honneur par l'empereur; officier de ladite légion par le Roi, le 13 octobre 1814. Préfet de la Seine par l'empereur; préfet de la Seine par le Roi en 1814. Les années 1812, 1813 et 1814 formeront une époque remarquable dans la vie de M. le baron Chabrol-de-Volvic, par les discours et proclamations dont il est l'auteur, et répandus dans les journaux du temps. En les lisant, on se fera une juste idée du caractère et des opinions de M. le baron.

CHALLAN (le chevalier) de Meulan, membre du conseil des Cinq-Cents, fut, après le 18 brumaire, envoyé en qualité de commissaire dans la Vendée, pour faire connaître à ses habitans les heureux résultats qui devaient suivre cette grande journée ; membre du corps-législatif, et ensuite tribun, membre de la chambre des députés sous le Roi.

CHAMBARLACH, baron de l'Aubepain, fit ses premières armes sous la république ; général du corps impérial du génie, général du corps royal du génie, il resservit sous l'empereur ; commandant de la 18e. division militaire en mai 1815 ; commandant de la légion-d'honneur, etc. (Voyez les *almanachs impériaux et royaux.*)

CHAMPAGNY (Jean-Baptiste-Nompère de), ancien officier de marine sous Louis XVI ; député à l'assemblée constituante ; après le 18 brumaire, conseiller d'état, ambassadeur à Vienne, ministre de l'intérieur, chancelier de l'ordre de la Réunion ; ministre des relations extérieures, duc de Cadore, et décoré de huit ou dix ordres étrangers sous Napoléon. En revenant de Bayonne le 1er. septembre 1808, M. de Champagny disait à l'empereur :

« Sire, le dévouement du peuple français est sans
» bornes, et c'est surtout dans cette circonstance qui
» intéresse si essentiellement son honneur et sa sûreté,
» qu'il fera éclater ses sentimens, et qu'il se montrera
» digne de recueillir l'héritage de gloire et de bonheur
» que votre majesté lui propose. »

Le duc de Cadore, oubliant tout ce qu'il devait à Bonaparte, donna son adhésion aux actes du gouvernement provisoire. Le Roi l'avait nommé pair de France; au retour de Napoléon de l'île d'Elbe, le duc de Cadore fut encore nommé pair de France.

CHAMPEAUX (l'abbé de), conseiller ordinaire et inspecteur général de l'Université impériale, conseiller ordinaire et inspecteur général de l'Université royale de France (1814 et 1815); redevenu conseiller ordinaire et inspecteur général de l'Université impériale le 31 mars 1815; d'où l'on peut conclure, sans calomnier le clergé, qu'une tête tonsurée peut tourner très-facilement à tous les vents.

CHARRIER DE LAROCHE (Louis), né à Lyon, le 17 mai 1738; prévôt de l'abbaye d'Annay-d'Ainay de cette ville, sacré évêque le 10 avril 1791; évêque constitutionnel de Rouen; baron d'empire, évêque de Versailles, et aumônier de sa majesté l'empereur. M. Charrier de Laroche donna ensuite son adhésion aux actes du gouvernement provisoire de 1814, en ajoutant: « On a déjà chanté dans mon église le *Domine,* » *salvum fac regem Ludovicum*. »

Lors de l'acceptation de la prétendue constitution de Bonaparte au *Champ-de-mai* le 1er. juin 1815, comme premier aumônier de l'empereur, ce prélat y concourut au service qu'on y célébra.

Les mandemens donnés par monseigneur pendant les trois derniers trimestres de 1814, et le 2e. trimestre de 1815, seraient des pièces curieuses à recueillir par MM. les grands-vicaires généraux de la basilique de Notre-Dame de Paris, le siége vacant.

CHARRIN (P.-J.) de Lyon, membre de plusieurs académies, et auteur d'une foule de pièces fugitives, qui n'ont laissé aucunes traces après elle, a pris un vol plus élevé, et s'est jeté à corps perdu dans le genre

3*

lyrique pour célébrer la naissance du roi de Rome. L'ode qu'il a enfantée à ce sujet, ne le cède point aux plus belles odes de J.-B. Rousseau, comme on peut en juger par les deux strophes suivantes :

> Quel bruit fait tressaillir mòn âme ?
> Le salpêtre bouillant s'enflamme !
> De bronze, cent tubes fumans,
> Annoncent qu'à cette journée,
> La France fière et fortunée,
> Doit le premier de ses enfans.

> Espoir du guerrier magnanime,
> Qui sut arracher de l'abîme
> Les arts, les cultes abattus ;
> Près de ton berceau, roi de Rome,
> Tu trouveras en un seul homme,
> *Lycurgue, Alexandre, Titus.*

Après avoir chanté le roi de Rome, la muse de M. Charrin cria *vive le Roi*; tel est le titre d'une chanson insérée dans le *Chansonnier des Lys* :

> Français, Français, à l'unisson,
> Célébrons notre délivrance :
> Placer sur le trône un Bourbon,
> C'est donner un père à la France ;
> Partout on s'écrie avec moi :
>   *Vive le Roi !*

Tel est le premier couplet de cette chanson qui finit ainsi :

> Tenant le sceptre de *Henri*,
> Louis parmi nous va paraître
> Bon comme le héros d'Ivry ;
> Leurs noms en même temps font naître

Dans tous les cœurs un doux émoi.
Vive le Roi !

Nous nous écrierons à notre tour : *vive M. Charrin*, pour faire des odes magnifiques et des chansons charmantes !

CHATEAUBRIAND (François-Auguste de), tout-à-la-fois grand littérateur et politique profond, a prouvé que le génie a une flexibilité propre à se prêter à tous les événemens, et à toutes les circonstances possibles. Après avoir émigré en Amérique au commencement de la révolution, il vint en Allemagne où il fut arrêté comme Français, soupçonné d'espionnage. Lorsque la liberté lui eut été rendue, il passa en Angleterre, et ne revint en France que lorsque Bonaparte fut nommé premier consul ; deux ans après, il publia son *Atala*, roman qui produisit un engouement général, et dans la préface duquel on lit le passage suivant :

« En 1789, dit-il, je fis part à M. de Malesherbes du
» dessein que j'avais de passer en Amérique ; mais dé-
» sirant en même temps donner un but utile à mon
» voyage...., M. de Malesherbes se chargea de pré-
» senter mes plans au gouvernement, etc..... On sait
» ce qu'est devenue la France *jusqu'au moment où la*
» *Providence a fait paraître un de ces hommes qu'elle*
» *envoie en signe de réconciliation, lorsqu'elle est*
» *lassée de punir..... Il est sans doute permis à pré-*
» *sent* (1801), *sous un gouvernement qui ne proscrit*
» *aucune opinion paisible*, de prendre la défense du
» christianisme, comme sujet de morale et de litté-
» rature. »

Ce fut encore à cette époque qu'il se lia avec M. de Fontanes, et qu'il fut employé à la rédaction du Mercure.

Son *Génie du Christianisme* lui attira la faveur du premier consul qui lui donna en 1803 la mission d'accompagner à Rome, en qualité de secrétaire d'ambassade, le cardinal Fesch, envoyé ambassadeur à Pie VII. Il quitta cette place pour être ministre de France dans le Valais, dont il donna sa démission le 22 mars 1804.

En 1814, il publia une brochure qui eut plusieurs éditions, dans laquelle il prouva que Bonaparte n'était qu'un usurpateur, et que le trône de France appartenait, par possession de huit siècles, à la famille des Bourbons.

Nommé ministre d'état par le Roi, le 9 juillet 1815.

CHAUDRUC DE CRAZANNE, secrétaire général de la préfecture du Loiret, nommé par l'empereur; baron de l'empire; maître des requêtes ordinaire du conseil d'état, nommé par le Roi, le 4 juillet 1814, on a de lui un petit poëme sur les *médailles*, ou le *Règne de Napoléon-le-Grand*, imprimé cette même année, dans lequel on remarque les vers suivans :

> Par le temps renversé, quand cet empire immense,
> Chef-d'œuvre de génie autant que de puissance,
> Un jour n'offrira plus aux siècles à venir
> Que de grandes leçons et qu'un grand souvenir...

CHAUVELIN (de), ambassadeur de France en Angleterre, sur la fin du règne de Louis XVI, avait à sa suite M. de Talleyrand-Périgord, aujourd'hui prince de

Bénévent, et ministre des relations extérieures: membre de la légion-d'honneur, préfet de la Lys, conseiller d'état, section de l'intérieur, service ordinaire, intendant de Catalogne et baron d'empire; nommé ensuite par le Roi conseiller d'état honoraire, le 4 juillet 1814.

CHAZET (Alissan de), s'est exercé dans tous les genres de littérature et de poésie. On lui est redevable d'une foule de pièces et de vaudevilles qui ont réjoui singulièrement Paris et tous les départemens; les journaux et les feuilles périodiques tant français qu'étrangers ont retenti de ses louanges; membre de tous les athénées et lycées passés et présens, et par anticipation de toutes les sociétés littéraires à naitre, M. Alissan de Chazet se trouve et se rencontre partout; ce qui le fit surnommer l'*inévitable* par feu l'abbé Geoffroi, de piquante mémoire, toutefois après le satirique Despaze qui a dit le premier,

Mais qui peut *éviter* Chazet l'*inévitable*?

On doit présumer que, d'après son *scribendi cacoethes*, ce personnage universel prend une part quelconque à tous les événemens qui se passent sous ses yeux; lors du mariage de l'empereur, il offrit son hommage à l'auguste couple dans des couplets assez bien tournés :

De Mars affrontant les fureurs,
Long-temps il causa notre crainte;
S'il eût été blessé, nos cœurs
Auraient ressenti cette atteinte;

Mais par d'autres traits, en ce jour,
Le repos du monde s'assure :
Il n'est atteint que par l'amour,
Et nous chérissons sa blessure.

Quelles fleurs choisir aujourd'hui
Pour cette alliance immortelle ?
Il faudrait des lauriers pour lui,
Il faudrait des roses pour elle.
Eh bien, pour n'avoir qu'une fleur,
Prenez celle que je propose :
C'est pour la grace et la valeur
Qu'on inventa le *laurier-rose*.

Comme toute peine mérite son salaire, M. Chazet fut fait *chevalier* par l'empereur, qui lui donna le cordon de l'ordre de la Réunion ; malgré cette décoration, M. le chevalier n'en écrivit pas moins dans la Quotidienne du 23 septembre 1814, le petit paragraphe suivant :

« La malheureuse France a subi pendant ce long
» interrègne la dure épreuve de tous les gouvernemens.
» Sous Louis XVI, la *démocratie royale*, cette fable
» philantropique qui instituait un roi pour ne lui
» laisser aucun pouvoir ; sous la convention, l'absence
» de tout gouvernement.... ; sous le directoire, une
» pentarchie ridicule, où des révolutionnaires par-
» venus voulaient concilier le charme du pouvoir et
» les douceurs de la liberté ; sous les consuls, *une ré-*
» *publique qui annonçait un despote* ; enfin, *sous*
» *Bonaparte, un gouvernement militaire et tous les*
» *excès de la tyrannie*, etc., etc.

CHEVALLIER, ingénieur-opticien, membre de la

société royale académique des sciences; opticien de S. M. Jérôme Napoléon, roi de Westphalie, et de S. A. S. le prince de Condé, etc. etc., a prouvé qu'à l'aide de teinturiers, on pouvait offrir ses hommages et son encens, tant en prose qu'en vers, tantôt à l'empereur, tantôt au Roi. Une chanson intitulée : *le Thermomètre de la gloire*, insérée dans les hommages poétiques, tom. II, pag. 310, nous a révélé les sentimens de M. Chevallier sur la naissance du roi de Rome; elle est en trois couplets dont voici le premier :

> Admirateurs de l'univers,
> L'esprit pindarique m'inspire;
> Formons d'harmonieux concerts,
> Chantons un héros sur la lyre !
> L'empereur cueillant à son gré
> Tous les lauriers de la Victoire,
> Élève à son plus haut degré
> *Le thermomètre de la gloire.*

Le thermomètre de M. Chevallier tourna au variable en mai 1814. Le jour de l'entrée du Roi dans sa capitale, à l'une des croisées de M. l'ingénieur-opticien, sans avoir besoin des secours du télescope, on lisait cette inscription :

> Ton retour, ô *Louis!* nous comble d'allégresse !
>   Vois ton peuple heureux qui te presse,
> Avide et satisfait de contempler tes traits !
>   Sur les honneurs qu'on te défère,
>   Les étrangers et tes sujets
> N'ont qu'une voix ; et, dans ce jour prospère,
>   Tous les cœurs deviennent français.

CHOISEUL-PRASLIN (le duc de), comte de l'empire, chambellan de l'empereur, officier supérieur de la garde nationale, disait, le 31 mars 1814, à ceux qui criaient sur la place Louis XV, *vive le Roi! vivent les Bourbons!*

« Vous n'êtes que des individus ; ce n'est pas là le
» sentiment général...... Otez vos cocardes ; nous ne
» devons faire des vœux que pour l'empereur..... Vous
» feriez mieux d'aller aux barrières relever les bles-
» sés..... Nous avons un *ordre de choses établi;* nous
» devons nous y attacher : je ne vois que cela, moi. »

Malgré cet ordre de choses *établi*, M. le duc fit placarder sur tous les murs de Paris une *adresse* pour le rétablissement de la statue de Henri IV, et fut à la tête du département de Seine et Marne, féliciter le Roi en mai 1814 ; ce qui lui valut d'être nommé par Louis XVIII, pair de France, le 4 juin 1814 ; et par l'empereur, pair de France, le 4 juin 1815.

CLARKE (Henri-Jacques-Guillaume), né à Landrecies le 17 octobre 1765, comte d'Hunebourg, ministre de la guerre, général de division, grand aigle de la légion-d'honneur, grand'-croix des ordres de Saint-Hubert de Bavière, de la Fidélité de Bade, et de Saint-Henri de Saxe, enfin duc de Feltre ; pair de France le 4 juin 1814 ; nommé par le Roi ministre secrétaire d'état de la guerre, le 12 mars 1815.

Dans un rapport qu'il fit à S. M. l'empereur et roi, le 6 janvier 1808, on remarqua le passage suivant:

« V. M. dont la prévoyance n'est jamais en défaut,
» a voulu que le corps d'observation de l'Océan, qu'elle

» a confié à M. le maréchal Moncey, fût en troisième
» ligne.

» La nécessité de fermer les ports du continent à
» notre irréconciliable ennemi, et d'avoir sur tous les
» points d'attaque des moyens considérables, afin de
» profiter des circonstances heureuses qui se présen-
» teraient pour porter la guerre au sein de l'Angle-
» terre, de l'Irlande et des Indes, peut rendre néces-
» saire la conscription de 1809..... etc. »

CLAUZEL, lieutenant général au service de la république, baron d'empire, ensuite comte ; grand
officier de la légion d'honneur le 17 juillet 1809 ; chevalier de l'ordre royal et militaire de Saint-Louis, le
1er. juin 1814. Rentré au service de l'empereur en 1815,
il va prendre le commandement de Bordeaux, et le
17 juin il devient membre de la chambre des pairs.
Obligé, par suite de l'entrée des alliés, d'abandonner
Bordeaux et son commandement, on ignore où il a
passé.

CLÉMENT-DE-RIS. Ce personnage a toujours su
conduire sa barque avec une habileté digne des plus
habiles pilotes, et au milieu des bourrasques de la
révolution, en évitant adroitement les écueils, la
diriger au port, sans avoir éprouvé la moindre avarie.
Successivement sénateur, le 4 nivose an 8, préteur du
sénat, commandant de la légion-d'honneur, comte
d'empire ; admis à la chambre des pairs du Roi, le 4
juin 1814, il se trouve encore dans celle des pairs le 4
juin 1815 ; ce qui ne l'avait pas empêché d'être commissaire extraordinaire de S. M. I. à Tours, au mois

d'avril 1815. Chacun s'arrange à sa manière; mais il est évident que celle de M. Clément-de-Ris n'est pas la plus mauvaise, et que, par son moyen, *on retombe toujours sur ses pieds.*

COCHELET (Adrien), auditeur au conseil d'état, intendant d'une des provinces de l'Illyrie, envoyé ensuite en Pologne; le 11 avril 1814, donna son adhésion pour la déchéance de l'empereur et le rétablissement de nos anciens souverains, et fut néanmoins nommé préfet de la Meuse par Bonaparte, en avril 1815.

COCHON, ancien conseiller au présidial de Fontenai, ancien député à la convention, ministre de la police sous le directoire; préfet de la Vienne sous le Ier. consul; préfet des Deux-Nèthes sous l'empereur, et membre du sénat-conservateur, s'appelle aujourd'hui *comte de l'Apparent*, son premier nom pouvant donner lieu à de mauvaises plaisanteries.

COIFFIER (Henri-Louis de), homme de lettres, né le 16 novembre 1770, conseiller et inspecteur général de l'Université impériale; inspecteur général de l'Université royale de France, sous le nom de *Baron de Coiffier;* conseiller de l'Université impériale, sous le nom du *sieur Coiffier*, 31 mars 1815.

COLCHEN (Victor), né en novembre 1752, remplissait avant la révolution des emplois honorables dans l'administration des provinces du midi. Sous la république, il est employé comme négociateur de la paix auprès d'une grande puissance. Sous Bonaparte, il siége au sénat; dans les momens critiques, il est commissaire extraordinaire de l'empereur à Nancy. Les événemens changent, M. Colchen donne son adhésion aux actes du gouvernement provisoire, concernant la déchéance de Napoléon. Louis XVIII remonte sur le trône de ses pères, M. Colchen est nommé pair de France. En mars 1815, les affaires prennent une autre tournure, et M. Colchen est nommé pair par l'empereur. Comme on voit, M. Colchen sera toujours sûr d'être pair, quoi qu'il advienne.

COLNET, ex-grand-vicaire de Soissons, où il s'occupait, dans toute la ferveur du zèle d'un véritable ministre de l'évangile, à composer des mandemens pour son évêque, jeta, au commencement de la révolution, sa soutane aux orties, et s'en vint à Paris faire et vendre des livres. L'abbé Colnet est tout-à-la-fois auteur et libraire, et qui plus est l'un des rédacteurs du Journal de Paris, qu'il a choisi pour évacuer sa bile, et régenter le Parnasse.

Tant de fiel entre-t-il dans l'âme d'un ex-prêtre!

Comme Journaliste, on lui doit, 1°. Dix n°^{s}. d'un *Journal de l'Opposition*, que l'autorité crut devoir suspendre, parce que M. l'abbé s'émancipait un peu trop, et prenait des libertés gallicanes qui passaient les bornes de la critique et de la modération. 2° Tous les *articles* signés C du Journal de Paris, dans lesquels on remarque plus de partialité que de justice, plus de passion que de discernement.

Comme auteur, M. l'abbé a publié l'*Art de dîner en ville*, dont il s'acquitte très-bien, et dont il parle *ex professo*, étant plein de son sujet; et plusieurs brochures et pièces de vers dispersées çà et là dans les recueils du temps.

En lisant tout ce qui est sorti de la plume de l'ex-grand-vicaire, on pourra se faire une idée juste et précise de sa conduite et de ses opinions.

CONSTANT DE REBECQUE (Benjamin) quitta un beau matin la Suisse sa patrie, pour venir en France nous donner quelques leçons de politique et de gouvernement. On a de lui une foule de brochures, où cet aristarque moderne, prenant le ton de législateur, nous donne ses idées pour des principes, et ses rêveries pour des vérités. Mais, vacillant dans ses opinions, il détruit le lendemain ce qu'il a édifié la veille ; et on peut dire de lui qu'il est seulement *constant* dans son *inconstance*. Pour l'instruction de nos lecteurs, nous citerons ici quelques-unes de ses phrases contre l'empereur.

« Du côté du Roi est la liberté constitutionnelle,
» la sûreté, la paix; du côté de Bonaparte, la servitude,
» l'anarchie et la guerre. Nous jouissons sous Louis
» XVIII d'un gouvernement représentatif; nous nous
» gouvernons nous-mêmes. Nous subirons sous Bona-
» parte un gouvernement de Mameloucks ; son glaive
» seul nous gouvernait.....

» Les proclamations de Bonaparte ne sont point
» celles d'un prince qui se croit des droits au trône ;
» elles ne sont pas même celles d'un factieux qui
» s'efforce de tenter le peuple par l'appât de la liberté.
» Ce sont les proclamations d'un chef armé qui fait
» briller son sabre pour exciter l'avidité de ses sa-

» lites, et les lancer sur les citoyens comme sur une
» proie. C'est Attila, c'est Gengis-kan, plus terrible
» et plus odieux, parce que les ressources de la civi-
» lisation sont à son usage : on voit qu'il les prépare
» pour régulariser le massacre, et administrer le pil-
» lage ; il ne déguise pas ses projets ; il nous méprise
» trop pour daigner nous séduire....

» L'apparition de Bonaparte, qui est pour nous
» le renouvellement de tous les malheurs, est pour
» l'Europe un signal de guerre. Les peuples s'inquiè-
» tent, les puissances s'étonnent. Les souverains,
» devenus nos alliés par son abdication, sentent avec
» douleur la nécessité de redevenir nos ennemis. Au-
» cune nation ne peut se fier à sa parole ; aucune, s'il
» nous gouverne, ne peut rester en paix avec nous... »

Ces phrases sont extraites d'un morceau de M. Benjamin Constant, inséré dans le *Journal des Débats*, du 19 mars 1815.

Bonaparte, quelques jours après son arrivée dans la capitale, fait mander M. Benjamin, et a une conférence très-longue avec lui sur la constitution nouvelle qu'il prétendait donner à la France ; et en avril 1815, pour le récompenser des idées lumineuses qu'il lui avait communiquées, et le remercier des choses agréables qu'il lui avait dites le 19 mars précédent, il lui confère la place de conseiller d'état, que M. Constant accepte sans hésitation et avec reconnaissance. Qu'est devenu M. Benjamin depuis le retour de Louis XVIII ? nous l'ignorons. S'il a regagné la Suisse, nous l'en félicitons, en lui conseillant de garder le silence. Mais le fera-t-il ? Non sans doute. M. de Rebecque est une tête à constitutions, à projets politiques; il écrira encore pour et contre, suivant les circonstances, et ce pour l'amélioration des gouvernemens, et la plus grande gloire de Dieu.

CORVETTO (Louis), né le 23 mars 1756; avant 1789, homme de loi; depuis 1789, membre du gouvernement provisoire du conseil des anciens et du directoire exécutif de Gênes; sénateur; puis conseiller d'état, comte d'empire, officier de la légion-d'honneur sous Bonaparte. Lors des événemens de 1814, il signa la déchéance de Napoléon. Louis XVIII l'admit à son conseil, comme conseiller d'état, le 4 juillet 1814. Bonaparte revient de l'île d'Elbe, M. Corvetto reparait au conseil d'état le 25 mars 1815.

COSSÉ-BRISSAC (Timoléon de), comte de l'empire; ancien préfet à Alexandrie, département de Marengo; ensuite préfet de la Côte-d'Or, membre de la legion-d'honneur, écrivit, en avril 1814, au prince Bénévent, la lettre suivante :

« MONSEIGNEUR,

» Un fonctionnaire public isolé n'a qu'une manière
» de donner son adhésion à notre régénération poli-
» tique ; c'est en prêtant serment de fidélité à
» Louis XVIII, notre souverain légitime. Je vous prie
» de trouver bon que je dépose ce serment entre vos
» mains.

» Dévoué au service de S. M., je suis prêt à retour-
» ner dans le département de la Côte-d'Or, dès que les

» routes seront libres. Je l'ai quitté par suite d'ordres
» supérieurs, mais en lui épargnant les fléaux que
» j'étais chargé de lui laisser. Il m'eût été bien plus
» doux de partager le sort de ses habitans, et même
» de souffrir avec eux, pour coopérer ensuite à l'exé-
» cution des mesures qui viennent d'assurer le bonheur
» de la France.

» Pair de France le 4 juin 1814 ».

COSTAZ (L.), ex-préfet de la Manche, baron de l'empire, etc.

Conseiller d'état sous Bonaparte.

Conseiller d'état sous le Roi.

Conseiller d'état sous Bonaparte.

COTTRET, docteur et professeur adjoint à la Faculté de Théologie de Paris, chanoine honoraire de Nancy, prononça, en 1810, un discours pour l'anniversaire de la fête du couronnement de l'empereur et de la bataille d'Austerlitz. Dans ce discours, imprimé la même année, on remarqua les passages suivans :

Page 4.

« Napoléon est celui que la religion a consacré pour
» être chef du peuple que Dieu comble de gloire ; il est
» aussi celui que la Victoire a signalé comme étant le
» premier dans les combats, aussi bien que parmi les
» magistrats et parmi les princes. »

Page 5.

« Déjà les plus beaux talens ont rivalisé ensemble
» pour s'emparer de cette gloire, de toute cette gran-

» deur, pour célébrer nos victoires et notre prospérité,
» en unissant au récit de ces événemens, qu'on pour-
» rait appeler miraculeux, le nom du monarque qui
» caractérise tout ce qui tient à l'époque présente. »

Page 25.

« Puisse l'enfant qu'elle (Marie-Louise) porte dans
» ses entrailles, être environné à son berceau des plus
» heureux présages, et répondre à nos vœux comme
» à nos espérances! Puisse-t-il, en conservant l'im-
» mense héritage de gloire et de puissance que la Pro-
» vidence lui réserve, perpétuer pour notre nation les
» plus beaux souvenirs; pour la religion ses premiers
» bienfaits; pour la patrie ses plus fermes appuis;
» pour la société ses plus beaux exemples! »

Comme toute peine mérite salaire, l'abbé Cottret fut nommé par l'empereur, quelque temps après ce beau discours, chanoine de l'église de Notre-Dame de Paris. Cet abbé, pendant la restauration, fut l'un des collaborateurs de la *Gazette de France*.

COUPART, employé au ministère de la police, bureau des théâtres, a consacré, dans les *Hommages poétiques* (tome II, page 355), les vers suivans, au roi de Rome :

A UN AMI.

Pourquoi nous dire avec humeur
Que de vers on voit un déluge?
Ce n'est point l'esprit, c'est le cœur,
Le cœur seul qu'il faut qu'on juge.
Nos souverains montrent moins de rigueur;
Ils savent qu'en ces jours de fêtes,

> Si tous ceux dont ils sont chéris,
> Faisaient des vers, des chansonnettes,
> Bientôt, sans avoir rien appris,
> Tous les Français seraient poètes.

M. Coupart, qui fait aussi des vaudevilles, pour témoigner sa joie sur le retour des Bourbons, composa, en société avec son illustre confrère en Apollon, M. Varez, une petite pièce intitulée : *Vive la paix*, représentée à l'Ambigu-Comique en avril 1814; il se signala encore dans cette occasion par des couplets, les *Revenans-bons*, insérés dans le *Caveau moderne*, ou le *Rocher de Cancale* (1815, neuvième année de la collection), dont voici un des principaux :

> En France, quittant naguère
> Tout état pour le fusil,
> Nous disions à chaque guerre,
> Le bon temps reviendra-t-il ?
> Chacun rempli d'espérance,
> En revoyant les Bourbons,
> S'est écrié dans la France :
> Ce sont des *revenans-bons*.

M. Coupart est auteur en outre d'une foule de chansons, vaudevilles, couplets sur tous les sujets et sur toutes les circonstances, qui sont pour le public autant de *revenans-bons*.

CUBIÈRES DE PALMEZEAUX (le chevalier de), ancien écuyer de madame la comtesse d'Artois, membre des académies et des sociétés littéraires de presque toute la France, a loué indistinctement, depuis 1789, tous les gouvernemens, probablement parce qu'il les trouvait tous bons. Voici comme il s'exprimait en 1789 :

> Je désire ardemment qu'un bel ordre du Roi
> Ne vienne plus, le soir, m'arrachant de chez moi
> Dans un vilain château noblement me conduire.
> J'aime à penser tout haut, à librement écrire,
> Et puissé-je bientôt voir tomber les ciseaux
> De la main des censeurs que l'on nomme royaux !

M. Cubières, qui déclare lui-même, dans une épître au comte de Barruel Beauvert, qu'il a été républicain, s'écrie, en 1815 :

> N'avais-je pas raison, quand ma voix prophétique,
> T'annonçait les malheurs nés de la république ?
> Que d'attentats commis ! quels crimes odieux,
> Faits pour épouvanter les mortels et les dieux !
> Quelle confusion ! quel désordre effroyable !
> L'histoire de nos jours sera-t-elle croyable ?...

On connaît de ce poète une foule de petits poëmes relatifs aux circonstances, entre autres un publié en 1806, intitulé : *la Bataille d'Austerlitz*, dans lequel l'auteur a déployé une richesse d'imagination étonnante, et surtout une verve dont on n'a pas d'idée.

CUVIER (Georges-Léopold-Chrétien-Frédéric-Dagobert), savant naturaliste, a prouvé jusqu'à l'évidence que la science pouvait s'allier avec les honneurs, les dignités et les richesses. Avant 1814, il était chevalier de l'empire, membre de la légion-d'honneur, chevalier de l'ordre impérial de la Réunion, conseiller titulaire de l'Université impériale, professeur d'histoire naturelle au Jardin des Plantes, maître des requêtes au conseil d'état (14 avril 1813). Le Roi arrive, M. Cuvier, qui n'est pas ambitieux, reste avec ses cinq titres. Nous ne parlons pas ici d'une foule de petites places subalternes qu'il occupe dans différentes administrations et corporations, comme à l'Institut, à la société de Médecine de Paris, au collége de France, etc.

Dans le nouvel ordre de choses, il échangea le titre de conseiller titulaire de l'Université impériale contre celui de conseiller au conseil royal de l'instruction publique. Au lieu du titre de maître des requêtes, il se contenta de celui de conseiller d'état, 4 juillet 1814. Le Roi part, l'empereur arrive, M. Cuvier, sans aucun effort, redevient ce qu'il était. Voilà de la force d'âme, sans doute, ou nous ne nous y connaissons point.

D.

DABOS (madame), peintre, a exposé,

Le 1er. novembre 1810, au *Musée Napoléon*,

Un tableau représentant *une jeune fille qui dessine sur une planche de cuivre le portrait de S. M. l'empereur et roi.*

Le 1er. novembre 1814, au *Musée royal des Arts*, sous le n°. 229 de la notice,

Les lis ou la sortie du *Te Deum*. *Deux jeunes personnes se partagent une branche de lis à la sortie du* Te Deum *chanté à Notre-Dame, jour de l'entrée de S. M. Louis XVIII à Paris*.

DACIER (Bon-Joseph), tribun, chevalier de l'empire, membre de l'Institut, chargé de prononcer l'éloge funèbre de tous ses collègues qui veulent bien prendre la peine de s'absenter de ce monde; membre de la légion-d'honneur par l'empereur; officier de ladite légion par le Roi; conservateur administrateur de la *Bibliothèque impériale;* conservateur administrateur de la *Bibliothèque du Roi.* M. Dacier, en dernier résultat, est un de ces littérateurs paisibles qui se laissent doucement entraîner au courant des événemens, sans trop s'inquiéter de ceux qui les dirigent.

D'ALBERG (le duc), neveu du ci-devant prince-primat; baron du Saint-Empire romain; grand officier de la légion-d'honneur par l'empereur; grand-cordon de ladite légion par le Roi (22 juillet 1814); conseiller d'état sous l'empereur; un des cinq membres du gouvernement provisoire; ministre d'état composant le conseil du Roi; adjoint au prince de Bénévent au congrès de Vienne.

DAMPMARTIN, né à Uzès, en 1755; membre du corps-législatif sous l'empereur; membre de la chambre des députés sous le Roi; membre de la légion-d'honneur par l'empereur; officier de ladite légion par le Roi; censeur sous l'empereur, il devint aussi censeur sous le Roi.

Comme littérateur, M. Dampmartin a fait avec M. de Beaunoir, les *Annales de l'empire français*, dont il n'a paru qu'un volume en 1805, avec cette épigraphe :

Lève, Jérusalem, lève ta tête altière ;
Regarde tous ces rois de ta gloire étonnés.

Dans l'introduction, M. Dampmartin s'exprime ainsi, page 14 :

« Sans la rencontre presque miraculeuse de Bona-
» parte, une entière destruction eût terminé nos longs
» déchiremens. Plus le danger fut grand, plus grande
» et plus vive doit être la reconnaissance pour l'auteur
» de notre salut. »

Après une telle phrase, on ne pouvait manquer de devenir censeur impérial.

Page 15, M. Dampmartin termine son introduction par ces mots :

« Un roi de France, quelles que puissent être les
» qualités aimables qui le font chérir de ses sujets, ou
» même quelles que puissent être les vertus qui le re-
» commandent à la vénération universelle, brise son
» sceptre alors même qu'il dépose son épée... » *Erudidimini, qui judicatis terram !*

DANDRÉ, ex-conseiller au parlement d'Aix, membre de l'assemblée constituante, jusqu'au moment où il fut intendant des domaines de la couronne du Roi, en novembre 1814, se mêla du commerce des épiceries, dans lequel il fit, dit-on, de très-gros gains ; directeur général de la police du royaume, il s'aperçut qu'on ne dirigeait pas cette partie comme la vente du poivre et de la muscade. Il suivit le Roi à Gand, et à son retour, en 1815, il reprit tranquillement la place d'intendant des domaines de la couronne, beaucoup plus facile pour lui à remplir que le ministère de la police.

DARRICAU, baron de l'empire, général de division le 31 juillet 1811 ; commandant de la légion-d'honneur, chevalier de Saint-Louis ; envoyé par le

Roi à Perpignan avec le titre de commandant ; désigné par l'empereur pour commander le *corps des fédérés* de Paris, en mai 1815. Ce corps dissous deux mois après, on n'a plus entendu parler du commandant, et on ignore ce qu'il est devenu.

DARU (Pierre-Antoine-Noël-Bruno), ancien commissaire des guerres, a su réunir l'utile à l'agréable ; *utile dulci*. Tout en traduisant en vers français les vers d'Horace, il est devenu grand aigle de la légion-d'honneur, grand cordon de l'ordre impérial de la Réunion, comte d'empire, chevalier de l'ordre royal et militaire de Saint-Louis, le 24 août 1814; conseiller d'état sous l'empereur, il fut aussi conseiller honoraire sous le Roi ; M. Daru avait été tribun ; intendant de la maison de l'empereur, intendant de la grande armée et des pays conquis pendant les diverses campagnes de l'empereur en Autriche, en Prusse et en Pologne : on sait ce que peut produire à-peu-près une place d'intendant, elle vaut beaucoup mieux qu'une place sur le Parnasse, où l'on est souvent exposé à mourir de faim. M. Daru a su s'arranger autrement, il a occupé les deux, et s'en est bien trouvé. Son argent a donné du relief à ses vers, vantés avec exagération par les journalistes qui ont toujours eu la louable coutume de louer les poètes riches, et de critiquer impitoyablement les poètes pauvres.

DAUCHY, ancien préfet de l'Aisne, intendant dans les provinces Illyriennes, comte d'empire, commandant de la légion-d'honneur, donna, le 11 avril 1814, son adhésion aux actes du gouvernement provisoire;

conseiller d'état sous l'empereur en 1814, il fut porté sur la même liste pendant les trois mois de 1815.

DAUNOU, ex-oratorien, ex-grand-vicaire, ex-conventionnel, des assemblées législatives, garde des archives nationales, impériales, royales; ex-bibliothécaire de Sainte-Géneviève, littérateur distingué, membre de l'Institut. M. Daunou, jadis républicain, n'a pas cru indigne de lui de suivre le torrent, persuadé probablement qu'il est indifférent de vivre dans un empire ou dans un royaume, pourvu toutefois qu'on y vive bien.

Quoi qu'il en soit, ce fut lui qui, au mois de mars 1798, étant alors président du conseil des Cinq-Cents, répondit à l'Institut qui venait en corps rendre compte à l'assemblée de ses travaux pendant le cours de l'année précédente :

« Il n'y a pas de philosophie sans patriotisme. *Il n'y a de génie que dans un âme républicaine*, et l'amour sacré de la liberté est un des plus nobles caractères du talent aussi bien que de la vertu. »

D'où l'on peut conclure que M. Daunou, ayant passé sous les bannières *impériales* et *royales*, ne doit plus avoir de génie.

DAVID (Jacques-Louis), célèbre peintre, membre de la convention nationale, se signala dans cette assemblée par l'exaltation de son républicanisme. On lui entendit dire le 29 mars 1793 :

« Les occasions ne manquent point aux grandes âmes : si jamais, par exemple, un ambitieux vous parlait d'un dictateur, d'un tribun, d'un régulateur, ou

4

tentait d'usurper la plus légère portion de la souveraineté du peuple, ou bien qu'un lâche osât vous proposer un roi, *combattre ou mourir plutôt* que d'y jamais consentir..... »

On connaît son fameux tableau de l'apothéose de Marat, qui doit faire époque dans les annales révolutionnaires.

Malgré sa haine contre les tyrans et son aversion pour les marques et les distinctions, M. David fut nommé, en 1807, premier peintre de S. M. l'empereur et roi, et devint ensuite commandant de la légion-d'honneur.

On a vu ses vastes tableaux du *couronnement de l'impératrice Joséphine, par son époux* (1808), et de la *distribution des aigles au Champ de Mars* (1809), exposés au Musée Napoléon.

Soyez plutôt maçon, si c'est votre métier; Contentez-vous de peindre, M. David, mais ne faites ni ne parlez de politique. Les arts sont amis du luxe, et ne seront jamais admis dans une république bien ordonnée.

DAVOUST (Louis-Nicolas), duc d'Averstaedt et prince d'Eckmuhl, né à Anneaux, département de l'Yonne, le 10 mai 1770, connut Bonaparte à l'école militaire; en 1785, sous-lieutenant au régiment de Royal-Champagne cavalerie; et en 1790, chef du troisième bataillon de l'Yonne, et par suite de grade en grade, général de division, maréchal d'empire, grand-aigle de la légion-d'honneur, grand dignitaire, etc. etc. Commandant en 1814 à Hambourg, il fit sa soumission au Roi, et fut nommé par Napoléon, en 1815, ministre de la guerre; général en chef de l'armée sous Paris, général en chef de l'armée de la Loire. Tout le monde ayant lu ses adresses et ses proclamations, nous nous dispenserons de les citer.

DECAEN, officier supérieur sous la république, général de division par l'empereur le 16 mai, commandant de la légion-d'honneur; nommé par le Roi commandant de la onzième division à Bordeaux; chevalier de l'ordre royal et militaire de Saint-Louis, 1er. juin 1814; grand-cordon de la légion-d'honneur le 29 juillet 1814. Bonaparte revient, M. Decaen reste gouverneur de Bordeaux *Mentem Janus ipse dedit*.

DÉGÉRANDO (Joseph-Marie), baron de Rhamtrausen, secrétaire général du ministre de l'intérieur, membre de l'Institut, officier de la légion-d'honneur, conseiller d'état sous Napoléon; conseiller d'état sous le Roi; commissaire extraordinaire envoyé à Metz par l'empereur, en avril 1815. Pourquoi faire un reproche à M. Dégérando de la versatilité de sa conduite et de ses opinions? M. Dégérando est philosophe et auteur de plusieurs ouvrages qui ne sont pas à la portée de l'intelligence de tout le monde; comme dans *Arlequin misanthrope*, acte 3, nous dirons de M. Dégérando et de ses collègues :

> Car enfin ils sont tous faits de la même étoffe,
> Et philosophe ou non, Monsieur, il est écrit
> Que l'on peut bien changer quand on a de l'esprit.

DEJEAN, officier de génie distingué sous la république; il fut nommé dans cette arme général de division le 16 octobre 1795, sénateur le 7 février 1810, grand-aigle de la légion-d'honneur; inspecteur général du corps du génie sous l'empereur et sous le Roi; chevalier de Saint-Louis; pair de France le 4 juin 1814; il fut encore nommé grand trésorier de la légion-d'honneur et pair de France le 4 juin 1815. Il est constant aujourd'hui que M. Dejean a pris le parti d'adresser toujours ses hommages et sa prière au soleil levant, pourvu toutefois qu'il en reçoive une influence bénigne.

DELAMBRE (Jean-Baptiste-Joseph), membre de l'Institut, chevalier de l'empire, membre de la légion-d'honneur, et, ce qui vaut mieux que tout cela, trésorier de l'Université impériale.

Comme une place de trésorier ne se quitte pas facilement, M. Delambre, lors de l'arrivée du Roi, fait tous ses efforts pour rester à son poste, qu'il ne cède quelque temps après que pour passer conseiller au conseil royal de l'instruction publique, avec un traitement de 12,000 fr., le 17 février 1815.

Bonaparte arrive, M. Delambre, déjà las d'être conseiller, redevient trésorier le 31 mars 1815; tant il est vrai qu'on en revient toujours à ses anciennes habitudes.

DERIEU, ancien sous-professeur de collège à Versailles, auteur de la fameuse tragédie d'*Artaxerce*, qui lui valut, de la part de l'empereur, une pension de 2,000 fr. On a encore de lui quelques autres pièces dramatiques qu'on connaît peu ou point du tout.

M. Delrieu avait les goûts et les sentimens républicains, et les déploya assez vivement dans des couplets sur *la Montagne*; ce qui ne l'empêcha pas néanmoins de célébrer, dans une manière d'ode, la naissance du roi de Rome : en voici les deux dernières strophes :

> Connais le digne fils que le destin te donne:
> La splendeur de ton nom, le poids de ta couronne
>   Ne l'étonneront pas.
> Rejeton d'une tige en grands hommes féconde,
> Ton fils fera ta gloire et la gloire du monde
>   En marchant sur tes pas.
>
> Je veux que, pour fixer le bonheur sur la terre,
> Aux combats, aux conseils, retrouvant dans son père,
>   Son guide et son Mentor,
> Ton fils ait, comme toi, la sagesse d'Ulysse,
> La valeur de César, de Minos la justice,
>   Et l'âge de Nestor.

Le goût de la poésie n'éteignit point dans M. Delrieu l'esprit de la finance; car il a été successivement chef de bureau dans l'administration des douanes impériales; chef de bureau dans l'administration des douanes royales; et chef de bureau dans l'administration des douanes redevenues impériales. Nous ignorons si M. Delrieu est aujourd'hui chef de bureau dans l'administration des douanes royales.

DELVINCOURT, professeur et doyen de la Faculté de droit de Paris, et ensuite directeur de ladite Faculté, où il fut maintenu par le Roi; censeur royal le 24 octobre 1814. Au retour de Bonaparte, M. Delvincourt trouva encore le moyen de rester dans son poste de directeur, où le Roi l'a laissé pour la plus grande gloire de l'école de Droit.

Dans la dédicace de ses *Institutes* à l'empereur, on a remarqué les phrases suivantes :

« Les lois commerciales sont, en général, le recueil
» des principes les plus purs de l'équité naturelle. Mais
» quand ces lois ont été rédigées sous la direction de
» V. M., on peut être certain d'avance qu'elles sont
» en même temps le résultat des plus vastes concep-
» tions et des idées les plus libérales.... »

Voici maintenant quelques passages de la harangue du professeur aux *Volontaires Royaux*.

« La Faculté se félicite de pouvoir vous montrer à
» la France, comme une preuve non équivoque de ses
» sentimens pour le Roi, et de la pureté des principes
» enseignés dans cette école.

» Que la génération qui s'élève renonce donc désor-
» mais à ces idées de perfectionnement imaginaire, qui
» ont inondé la France d'un déluge de maux. »

DENON (Dominique-Vivant), avant 1789, gentil-homme ordinaire du Roi; depuis la révolution, membre de l'Institut, baron de l'empire, membre de la légion-d'honneur, directeur du muséum des arts et de la république, directeur du musée Napoléon, et directeur du musée royal des arts. Il semble que M. Denon ait fait un bail avec chaque gouvernement pour conserver la direction du Musée, que personne ne doit se mettre en tête de diriger, tant qu'il vivra, ayant pris toutes ses précautions pour en conserver la jouissance exclusive.

Il accompagna l'empereur en Egypte. A son retour en France, il publia son *Voyage dans la Haute et Basse Egypte*, dans lequel il n'épargna pas l'encens à son protecteur impérial. Il est impossible de louer et de flatter avec autant d'impudeur que M. Denon.

.... *Quid non mortalia pectora cogis,*
Auri sacra fames?

DÉSAUGIERS, chansonnier et auteur d'une foule de petites pièces comiques qui ont enrichi le théâtre des Variétés, n'a cessé, depuis 1807 jusqu'à ce moment, de fournir son contingent de couplets pour chaque événement arrivé dans cet intervalle de temps. C'est le véritable chansonnier des circonstances. Comme les couplets de M. Désaugiers sont, non seulement connus de tout le monde, mais encore imprimés dans tous les recueils, nous nous abstiendrons de les citer, la tâche serait trop longue. Nous ajouterons seulement que M. Désaugiers a été admis dernièrement à l'honneur de présenter à S. M. Louis XVIII, l'*Histoire de Bonaparte* en pot-pourri, sous le titre : *le Terme d'un règne* ou *le Règne d'un terme.*

DESCHAMPS, poète, traducteur et vaudevilliste, a composé, en 1794, un hymne à l'Être-Suprême, inséré dans la Décade, tom. I, pag. 355, dont nous citerons les deux strophes suivantes :

O Dieu puissant ! invisible à nos yeux,
  Mais qu'en tes œuvres l'on contemple!

O toi dont l'espace est le temple !
Qui dans ta main tiens la terre et les cieux !
Vers toi dont il a reçu l'être,
Le Français élève sa voix :
S'il a rougi d'obéir à des rois,
Il est fier de t'avoir pour maître.

. . . . , ...

Quand donc jamais des prodiges plus grands
Ont-ils signalé ta puissance ?
N'as-tu pas délivré la France
D'un joug antique et de ses vils tyrans ?
De leur famille avec audace
S'élevait l'arbre détesté ;
Tu l'as proscrit....., et de la liberté
C'est l'arbre qui croit à sa place.

Si ces vers sont détestables, ils n'en font pas moins honneur aux sentimens du poète ; qui, pendant le règne de la terreur, fit, à la fin de sa jolie pièce, la *Revanche forcée*, chanter le couplet suivant :

Jeunes et braves Sans-culottes,
A qui notre espoir est remis,
Vous allez, en bons patriotes,
Combattre les anciens marquis.
Chez nous, ils avaient carte blanche ;
Ils se plaisaient à nous vexer ;
En les faisant un peu danser,
Allez sur eux prendre notre revanche.

Malgré ces stances et ce couplet, M. Deschamps n'en devint pas moins secrétaire des commandemens de S. M. l'impératrice et reine, et n'en publia pas moins le *Barde de la Forêt-Noire*, poëme imité de l'Italien de Monti, 1807, in-8°; poëme tout en l'honneur de Napoléon.

Comme ses illustres confrères en littérature et en poésie, M. Deschamps a sacrifié à l'idole du jour, sans trop prévoir l'avenir, se disant probablement à lui-même : Le passé n'est plus, le présent est tout, et l'avenir incertain.

DESGENETTES, comte de l'empire, suivit Bonaparte en Egypte, où il fut inspecteur en chef des hôpitaux; officier de la légion-d'honneur par l'empereur, commandant de ladite légion par le Roi le 24 octobre 1814; inspecteur en chef du service de santé des armées sous l'empereur, maintenu par le Roi, conservé par l'empereur, qui l'envoya au quartier-général de Laon en mai 1815. M. Desgenettes est un véritable Esculape império-royaliste.

DESPAULX (dom), ex-bénédictin, ayant échangé son froc contre la toque de chevalier de l'empire, devint membre de la légion, conseiller ordinaire et inspecteur général de l'Université, et fut conservé dans ces mêmes places par le Roi. Après le 31 mars 1815, dom Despaulx reprend les mêmes places qui avaient repris le nom d'impériales.

DESRENAUDES, homme de lettres, conseiller de l'Université sous l'empereur, conseiller de l'Université sous le Roi, membre de la légion d'honneur par l'empereur, membre de la légion-d'honneur par le Roi; censeur impérial par Napoléon, censeur royal par Louis XVIII. Il est notoire, d'après ces changemens successifs, que M. Desrenaudes est un être naturellement changeant, que l'on peut mettre dans la classe du caméléon.

DESSOLES, ancien capitaine adjoint à l'état-major général de l'armée des Pyrénées-Occidentales, sous la république, général de division en 1799, fut successivement nommé par l'empereur membre, officier, commandant et grand-officier de la légion-d'honneur; commandant de la garde nationale de Paris le 2 avril 1814, sous le gouvernement provisoire; il passa dans la chambre des pairs le 4 juin suivant; puis ministre d'état, chevalier de Saint-Louis, major général des gardes nationales du royaume, 20 mai 1814, etc. etc. Il n'est guères possible d'aller plus vîte en besogne, et de mettre dans ses démarches autant de prudence et de sagacité.

DESTUT DE TRACY (Antoine-Louis-Claude), comte de Tracy avant la révolution; depuis député aux états-généraux et à l'assemblée constituante; membre de l'Institut; sénateur le 3 nivôse an 8; commandant de la légion d'honneur, pair de France, nommé par le Roi le 4 juin 1814. M. de Tracy est un personnage paisible qui, en faisant des brochures pour se désennuyer, laisse courir les événemens, sans pour cela oublier d'en tirer parti pour son plus grand avantage.

DIDELOT (le baron), fils d'un ex-fermier général, voyant qu'il n'y avait plus de grosses fermes royales à exploiter, tourna ses vues d'un autre côté. Introduit à la cour, il devint chambellan de l'empereur, puis ambassadeur en Danemarck. Au retour de son ambassade, il fut nommé préfet du Cher en 1814, et en avril 1815, préfet de la Dordogne.

DOUSSIN-DUBREUIL, docteur en médecine, fondateur de la société académique des Sciences, auteur d'un traité des *Glaires*, qui a eu plusieurs éditions; d'un traité de l'*Epilepsie*, qui n'a guéri personne du mal caduc, et de lettres sur l'*Onanisme*, qui n'ont point fait oublier l'ouvrage de Tissot, sur le même sujet, a eu, comme plusieurs de ses confrères, une divergence d'opinions qui n'a pas nui à sa réputation. Le docteur Doussin-Dubreuil est connu dans toute l'Europe; on le cite partout comme un oracle, et si comme le médecin Desgenettes, il eût été en Egypte et en Allemagne, nul Esculape ne pourrait lui être comparé.

Il n'en est pas moins vrai que la médecine étant une science *conjecturale*, le docteur a voulu user des priviléges que lui donnait son art, et a *conjecturé* sur les événemens à venir de notre révolution, et qu'aucune de ses *conjectures* ne s'est réalisée. *Proh dolor!*

DROUET, comte d'Erlon, après avoir servi sous la république, fut nommé général de division par l'empereur le 27 août 1803, comte de l'empire, grand-officier de la légion-d'honneur; nommé par le Roi grand-cordon de ladite légion, et chevalier de l'ordre royal et militaire de Saint-Louis. L'empereur revient, le comte d'Erlon, toujours constant dans sa versatilité, devient pair de France le 4 juin 1815.

I. **DUBOIS** (Louis-Nicolas-Pierre-Joseph), né le 20 janvier 1758, avocat au parlement de Paris, procureur au Châtelet, juge dans les tribunaux civils de Paris;

président du tribunal criminel, membre du bureau central, comte de l'empire, préfet de police, commandant de la légion-d'honneur ; conseiller d'état à vie nommé par l'empereur, conseiller honoraire au conseil du Roi, etc., etc. ; signa son adhésion à tous les actes du sénat et du gouvernement provisoire, et fut nommé par le département de la Seine membre de la chambre des représentans de Bonaparte.

II. DUBOIS, directeur du théâtre de la Gaîté, fit représenter sur ce théâtre, le 1⁷ juin 1810, un vaudeville de sa composition, intitulé : *les Lauriers-roses*, à l'occasion d'un voyage que firent à cette époque LL. MM. II. et RR. Napoléon et Marie-Louise ; le 23 mars suivant, il fit jouer aussi, à l'occasion de la naissance du roi de Rome, *la Ruche céleste*, ou *le Berceau de l'Hymen*, autre vaudeville de sa façon ; et le 4 mai 1814, secondé de deux de ses confrères, il donna *Henri IV ou la Paix de Paris*, mélodrame en trois actes, à l'occasion du retour des Bourbons. Comme directeur et auteur, M. Dubois a profité des circonstances comme bien d'autres, pour l'avantage de son théâtre et de ses acteurs.

DUBOIS-DUBAI, ancien garde-du-corps du Roi, député du Calvados à la convention nationale, sénateur le 3 nivose an 8 ; commandant de la légion-d'honneur de la nomination de l'empereur, signe la déchéance de Napoléon, et appelle Louis-Stanislas-Xavier de France, et les autres membres de la maison de Bourbon au trône de France. M. Dubois-Dubai est un de ces hommes qui tournent à tout vent, et qui ne voient dans un changement quelconque, qu'une nouvelle manière d'être. *Gaudeant bene nati.*

DUBROCA (J.-F.), homme de lettres, né à Saint-Sever-Cap, département des Landes en 1757, membre du portique républicain, et auteur d'un grand nombre de brochures relatives à la révolution, comme ses illustres confrères, a quelquefois dévié de ses premiers principes, parce qu'en dernier résultat, il serait ennuyeux de dire toujours la même chose. Dans une feuille périodique de la composition de M. Dubroca, et qui n'a eu d'existence que quelques instans, ce littérateur, devenu royaliste, donnait des leçons pour administrer et gouverner le royaume. Les conseils sont bons dans tous les temps; mais toujours faut-il prendre garde de les donner sans connaissance de cause. *Ne sutor ultrà crepidam.*

DUCHATEL, comte de l'empire, commandant de la légion-d'honneur, conseiller d'état à vie, et ce qui est tout aussi avantageux, directeur général de l'enregistrement des domaines de l'empire. Le Roi arrive, M. Duchâtel, qui tient essentiellement aux places lucratives, trouve le moyen d'être encore conseiller d'état, service extraordinaire, et de conserver la direction générale de l'enregistrement et des domaines du royaume. (Juillet 1814.) Le Roi part, Bonaparte revient, M. Duchâtel, qui a juré de tenir toujours à ses anciennes habitudes, reprend sa place de conseiller d'état, sans quitter sa direction (25 mars 1815.) Le Roi revient, que deviendra M. Duchâtel ?...

DUCIS (Jean-François), poète tragique, dont les

opinions pour la monarchie et l'auguste famille des Bourbons sont connues, ne figurerait point dans ce dictionnaire, sans la pièce suivante que nous avons rencontrée dans l'*Anthologie patriotique* : Paris, Pougin, an 3, in-18, page 48.

LA DÉCADE.

C'est aujourd'hui la décade,
Prenons tous le verre en main :
Je te porte ma rasade,
A toi, peuple souverain.
La décade, est par sa gaîté,
L'âme de la liberté.

Je n'ai richesses ni grade,
Sans-Culotte est mon vrai nom ;
Plus je bois dans ma décade,
Mieux j'ajuste mon canon.
La décade, etc.

Belles, fêtez la décade !
Venez au bruit des tambours :
Une pique, une cocarde,
Ne font point peur aux amours.
La décade, etc.

Citoyennes, la décade,
Sans vous n'aurait point d'appas ;
Recevez notre accolade,
Et laissez-vous mettre au pas.
La décade, etc.

De l'an 3 au 15 mai 1814, il est permis de changer d'opinions ; M. Ducis a usé de ce privilége, et ne s'en est pas moins présenté à Louis XVIII, qui l'a accueilli avec distinction et bonté.

DUCRAY-DUMINIL, ancien rédacteur des Petites-Affiches, auteur d'une foule de romans aussi ennuyeux que mal écrits, composait, en 1794, de petits hymnes et des prières civiques; en 1811, à l'occasion de la naissance du roi de Rome, il publiait une chanson intitulée :

LA JOIE DU PEUPLE.

V'là donc nos souhaits accomplis;
 Tous nos vœux sont donc remplis!
Aux yeux des Français réjouis
  L'sort donne au grand homme
  Un fils, roi de Rome;
I' n' peut avoir que d'heureux ans,
 Car i' nait avec l' printemps.

L' ciel nous accorde ce roi des cœurs
 Au moment où croiss' les fleurs;
Des autr' méprisons les couleurs :
  C'te fleur printannière
  Est ben la plus chère!
D'une rose c'est l' rejeton;
 Vive la rose et l' bouton.

D' Napoléon chacun disait
 Qu'il savait ben c' qu'il faisait;
C'était un garçon qu'il voulait.
  Un garçon, d' la France
  Comble l'espérance,
Et qui n'aura jamais peur, non;
 Il naît au bruit du canon.

Le retour des Bourbons en France donna lieu à M. Ducray-Duminil, qui avait changé de sentimens, de signaler son zèle pour cette auguste famille, en mettant au jour un roman en 4 vol. in-12, sous le titre de *l'Hermitage de Saint-Jacques*, ou *Dieu, le Roi et la Patrie*, ayant pour épigraphe :

> J'ai le prix de mes soins,
> Et du sang des Bourbons je n'attendais pas moins.

DUFRENOY (madame), connue sur le Parnasse français par des poésies agréables, et sur-tout par un recueil d'*élégies*, dont le style et la grâce ont assuré la réputation, donna des symptômes de républicanisme dans une pièce de vers adressée à une amie, et insérée dans l'*Almanach des Muses* de l'an 4 de la république : en voici un fragment :

> Ah! pourquoi donc m'abandonner
> Au sombre ennui qui me dévore?
> Je saurais vous le pardonner
> Si c'était pour l'époux que votre cœur adore;
> Mais pour nos droits vainement disputés,
> Dans nos camps il combat encore;
> Et ne doit reparaitre à vos yeux enchantés,
> Qu'au jour où confondant leur fière politique,
> Nous aurons contraint les Césars
> A plier leur orgueil antique
> Devant nos nouveaux étendards,
> Et fait, par nos soldats, flotter sur leurs remparts,
> *Le drapeau de la République*, etc.

Madame Dufrenoy, suivant la marche du temps, oublia la *république* pour l'*empire*, et composa des vers pour célébrer la naissance du roi de Rome.

> Hâtez-vous, heure désirée
> Qui devez du grand siècle amener les beaux jours!

Doux momens! momens chers à tes sujets fidèles!
    O mon maitre! ô Napoléon!
Tu l'as enfin béni de tes mains paternelles,
L'héritier de ton rang, le soutien de ton nom!
J'ai vu la Renommée, en étendant ses ailes,
Courir au même instant à vingt peuples ravis,
Annoncer le bonheur dont nos vœux sont suivis,
Leur raconter des Dieux les faveurs solennelles.
Le Danube, la Seine, et le Tibre et le Rhin,
D'orgueil et de plaisir dans leurs grottes bondissent,
    Et leurs Naïades applaudissent
A ce roi, premier né de leur grand souverain.

Les derniers Momens de Bayard, poëme couronné par l'Institut, le 5 avril 1815, est encore une production de madame Dufrenoy, poëme dans lequel on trouve les sentimens d'un partisan de la monarchie.

DULAULOI, officier d'artillerie sous la république et le directoire, général de division, nommé par l'empereur le 27 août 1803; puis conseiller d'état, comte d'empire, grand officier de la légion-d'honneur, etc.; nommé par le Roi conseiller-d'état, grand-cordon de la légion-d'honneur, et chevalier de l'ordre royal et militaire de Saint-Louis, le 1er. juin 1814. Le Roi revient; M. Dulauloi est encore conseiller d'état et est nommé pair de France le 4 juin 1815.

DUMOLARD (de l'Yonne), membre du corps-législatif, membre de la chambre des députés, etc. etc. disait le 25 juin 1814:

« Nous avons payé nos erreurs assez cher. Grâces
» soient rendues au prince éclairé qui vient, dans
» l'intérêt de son peuple, unir les monumens véné-

» rables de la monarchie aux droits imprescriptibles
» de la nature et de la raison ! »

Dans la dernière session, M Dumolard, doué par essence d'une loquacité extraordinaire, parlant sur tous les sujets *ex abrupto*, a laissé tous ceux qui l'ont entendu et suivi, dans le doute s'il était ou pour la république, ou pour l'empire ou pour le Roi. Nous espérons que cet ex-député fera cesser un jour cette incertitude, qui lui ferait le plus grand tort aux yeux de ceux qui désirent qu'il ait à lui un caractère décidé et une opinion particulière et raisonnée.

DUMONCEAU, comte de Bergendal, général de division en 1795; général *impérial;* commandant de la légion-d'honneur; maréchal et doyen des maréchaux hollandais sous Louis Bonaparte; général *royal* commandant la 2e. division militaire à Mézières, grand officier de la légion-d'honneur nommé par le Roi le 23 août 1814; chevalier de Saint-Louis, et le 24 mai 1815, redevenu général impérial, etc. etc.

DUPATY (Emmanuel), officier de la garde nationale de Paris, chevalier de l'empire, membre de la légion-d'honneur, chevalier de l'ordre de la Réunion, auteur de pièces charmantes représentées au théâtre du Vaudeville, et d'une foule de pièces de vers, de chansons, de rondes sur tous les airs possibles, et arrangées suivant la différence des temps et des circonstances. Nous nous contenterons d'abord de citer ici une ronde chantée le 13 mars 1814, à l'académie impériale de Musique.

Gardons-nous bien! que ce cri nous rallie!
Toi dont l'honneur est le suprême bien,
Vois les fureurs d'une horde ennemie,
Et de son joug si tu crains l'infamie,
  Garde-toi bien!

Garde-toi bien!... vois ces villes en cendre,
Où le tartare, hélas! n'épargne rien.
De ces remparts qui n'ont pu se défendre,
Un cri d'horreur s'élève et fait entendre :
  Garde-toi bien!

Garde-la bien, cette ville immortelle
Où t'enchaîna le plus tendre lien.
Près de ces murs où tu fais sentinelle
Dorment un fils, une épouse fidèle,
  Garde-les bien!

Garde-la bien, cette épouse chérie,
Dont un héros te rendit le gardien.
L'honneur français, ton cœur et ta patrie,
Ton Dieu, ton Roi, tout-à-la-fois te crie :
  Garde-la bien!

Garde-le bien, l'enfant dont la puissance
A nos enfans doit servir de soutien !
Repose en paix, noble espoir de la France,
Et nous, amis, dans l'ombre et le silence,
  Gardons-le bien.

Il paraît que M. Dupaty, en sa qualité d'officier de la garde nationale, ne fit pas trop bien son devoir, car la mère et le fils s'échappèrent de la capitale, le 29 du même mois de mars, sans bruit et sans trompette.

Voilà une ronde pour l'empereur.

Voici maintenant quelques couplets pour le Roi,

tirés de la pièce des *Troubadours Voyageurs*, par M. Dupaty, représentée chez Monseigneur le duc de Berry, le 2 février 1815.

> Soupirant, la nuit, le jour,
> De son Roi pleurant l'absence,
> Il chantait, le Troubadour,
> Pour refrain de sa romance :
> Vivre loin de ses amours,
> N'est-ce pas mourir tous les jours ?
>
> Quand la mer nous séparait,
> J'allais, assis sur la plage,
> Bien certain qu'il m'entendrait
> Redire à l'autre rivage :
> Vivre loin de ses amours,
> N'est-ce pas mourir tous les jours ?
>
> J'écoutais, et maintes fois,
> A mon oreille attentive,
> Il sembla que plusieurs voix
> Répétaient sur l'autre rive :
> Vivre loin de ses amours,
> N'est-ce pas mourir tous les jours.

Nous aurions pu étendre nos citations ; mais celles-ci suffisent pour prouver que M. Emmanuel Dupaty a l'humeur un peu changeante.

Claudite jàm rivos, pueri, sat prata bibére.

I. DUPONT, général de division sous la république, le 2 mai 1797 ; sous le régime impérial, quoique comte de l'empire et membre de la légion-d'honneur. Sa défection en Espagne faillit lui coûter la vie et l'honneur. Sous le régime royal, la fortune sembla lui sourire de nouveau ; mais sa faveur fut de courte durée. Nommé commissaire au département de la guerre par le gouvernement provisoire, et confirmé par le Roi, ministre et secrétaire d'état de la guerre, il éprouva une nouvelle disgrâce, et fut envoyé gouverneur à Tours avec le cordon rouge. Il y a une fatalité attachée à certains individus, contre laquelle une prudence plus qu'humaine échouerait dans tous les lieux et dans tous les temps.

II. DUPONT-CHAUMONT (Pierre-Antoine), né le 27 décembre 1759, général de division sous la république le 1er. septembre 1795, fut nommé par l'empereur comte de l'empire et commandant de la légion-d'honneur ; par le Roi, commandeur de l'ordre royal et militaire de Saint-Louis, et grand officier de la légion, le 27 juillet 1814. Outre cela, le comte Dupont était gouverneur de l'Ecole militaire, place aussi honorable que lucrative.

DUPUY-DES-ISLETS, ancien chevau-léger ; nommé chevalier de l'ordre royal et militaire de Saint-Louis, et major de cavalerie sous le Roi. Les pièces fugitives de ce chevalier figurent dans tous les almanachs passés et présens ; *les longs ouvrages lui font peur.* Mais depuis quelques années, embrassant une plus vaste carrière, il s'est jeté à tête perdue dans le chant lyrique et dithyrambique, et dans la cantate. Dans le chant *lyrique*, on a de lui un morceau précieux, dédié à S. M. l'empereur et roi, et présenté à S. M. l'impératrice Joséphine par Garat, auteur de la musique. La strophe suivante est digne de l'admiration de tous les connaisseurs :

> Au fond des plus brûlans déserts
> Il (Bonaparte) précipite son audace,
> Ou, sur des monts chargés de glace,
> Il court affronter les hivers.
> Au cri terrible de Bellone,
> Bravant les plus affreux climats,
> Il trouve, au milieu des frimas,
> Des fleurs pour tresser sa couronne.

Dans le chant *dithyrambique*, mis au jour à l'occasion de la naissance du roi de Rome, on a retenu par cœur cette strophe :

> Le bronze a retenti : quel charme involontaire
> Saisit mes sens ! il naît cet enfant précieux ;
> Il naît, et d'un cri glorieux
> Il frappe de nos rois l'asile héréditaire.
> D'un héros immortel, immortel rejeton ;
> France ! il semble sourire à ton joyeux tonnerre ;
> Et, du berceau chargé des destins de la Terre,
> Il révèle Napoléon.

La *cantate* à S. M. Louis XVIII, adressée à S. A. R. Monsieur, lieutenant-général du royaume, qui parut dans le *Journal des Débats* le 15 avril 1814, et dans l'Almanach des Muses en 1815, égale, si même elle ne surpasse les plus belles cantates de J. B. Rousseau.

La facture de la romance n'est pas non plus étrangère à M. Dupuy-des-Islets ; témoin celle intitulée : *la Vertu couronnée*, dédiée à S. A. R. Madame la Duchesse d'Angoulême, et insérée dans les *Etrennes Lyriques*, 34e. année, pag. 44.

> Seul assis à l'ombre du bois,
> D'un crêpe je voilais ma lyre;
> Ma voix se plaisait à redire
> Les illustres malheurs des Rois :
> Le nom si chéri d'Angoulême
> Appelait mes accords touchans;
> Souvent la tristesse a des chants
> Plus doux que ceux du bonheur même.
>
> Une prison fut son palais,
> Sans famille et sans espérance,
> Ses yeux ne virent plus en France
> Que le malheur et les regrets;
> Mais quand un monstre sanguinaire
> Menaçait ses jours précieux,
> D'un doux regard l'ange des Cieux
> Veillait sur l'ange de la Terre.

Nous regrettons sincèrement qu'un aussi beau talent que celui de M. Dupuy-des-Islets, se soit laissé entraîner par le torrent des circonstances, et ait tour à tour chanté un tyran et un bon Roi. *Cui fides!*

DURDENT (R. J.), auteur à gage du libraire Eymery, fait de tout selon l'occasion et les circonstances. Génie universel, il compose des histoires que personne ne lit, aligne des rimes que personne n'admire, et traduit ce qu'il ne comprend pas lui-même. M. Durdent a-t-il une opinion à lui? Nous l'ignorons. Ce qui est à notre connaissance, c'est qu'il a embrassé toutes les opinions du libraire Eymery, et qu'il a été tantôt pour l'empereur, tantôt pour le

Roi ; aujourd'hui pour la violette, demain pour le lys.

Dans le Dictionnaire des Girouettes, publié par le libraire Eymery, l'article *Durdent* a été fait par M. *Durdent* lui-même ; M. *Durdent* y donne la liste de ses ouvrages, et l'adresse exacte des libraires qui les tiennent en magasin.

DUSSAULT (J.), un des rédacteurs du *Journal de l'Empire*, désigné sous la lettre Y jusqu'en 1814.

Quand M. Dussault se mêle de louer quelqu'un, il le fait avec une telle exagération, qu'on est tenté volontiers de prendre ses éloges pour des sottises, et ses complimens pour des injures.

Est modus in rebus, sunt certi denique fines.

S'il outre-passe les bornes de la prudence et de la raison dans la louange, il se trouve dans le même cas, lorsqu'il s'agit de blâmer ; c'est un homme enfin qui ne connaît que les extrêmes, et qui ne croit point que

la modération soit le trésor du sage.

Pour prouver ce que nous avançons, nous allons détacher quelques fragmens de ses longs articles insérés dans le journal qu'il rédige. En novembre 1811, il s'exprimait ainsi sur Bonaparte :

« Napoléon met enfin sur sa tête le laurier des
» Césars, mérité par tant de services, par tant d'ex-
» ploits et tant de génie, et décerné par tous les cœurs.
» Ici s'ouvre un nouveau spectacle de grandeur et de
» gloire ; et les sept années qui se sont écoulées

» depuis l'avénement de l'empereur au trône qu'il a
» relevé et annobli, forment à elles seules la partie la
» plus importante, non-seulement de la monarchie
» française, mais de l'histoire des nations européen-
» nes. La politique de l'Europe entière a été renversée
» sur ses vieux fondemens, et reconstruite sur des bases
» toutes neuves..... »

Au mois d'août 1812, ce journaliste offrit à Napoléon, le jour de sa fête, un bouquet composé de
fleurs d'odeurs si fortes, qu'il eût dû enivrer une toute
autre cervelle que celle de l'empereur, accoutumé à
prendre à la lettre, en fait d'éloges, les absurdités les
plus révoltantes comme les plus ridicules.

« Et quel autre vœu devons-nous former en ce
» jour, où fut donné au monde un héros qui n'a ja-
» mais fait la guerre que pour avoir la paix ? qui,
» venu aux jours d'une civilisation vieillie, et tombant
» en ruine de toutes parts, n'a porté la main dans
» les fondemens de l'édifice que pour substituer des
» appuis à des décombres ; qui, d'un coup-d'œil
» rapide et vaste, embrassant tous les rapports de la
» société européenne, n'en a renouvelé les combi-
» naisons que pour en rajeunir l'existence et pour en
» assurer le bonheur ; qui, semblable autant que la
» supériorité admet la ressemblance à tous les grands
» hommes des siècles précédens, a réuni les vues d'une
» haute politique aux inspirations du génie militaire,
» la considération des intérêts majeurs de l'humanité
» aux calculs d'un art terrible, mais indispensable, et

» l'emploi d'une sagesse sublime à celui d'une force
» irrésistible.... »

Mais le 6 avril 1814, la scène change, les objets ne paraissent plus alors à M. Dussault, les mêmes qu'en 1812.

« La France, rongée de plaies cruelles et pro-
» fondes, que dissimulaient mal l'éclat de ses victoires
» et la pompe de ses succès, accablée par ses con-
» quêtes mêmes, et déchirée par ses funestes pros-
» pérités, ne devait donc retrouver que dans ses re-
» vers, la fin de tant de calamités et le remède à tant
» de maux! Mais qui l'eût dit, et pouvait-elle es-
» pérer que son salut lui viendrait de ces contrées
» où elle avait porté le ravage et la destruction?
» Pouvait-elle s'attendre qu'à la place des fureurs de
» la vengeance, elle ne rencontrerait dans des enne-
» mis provoqués, outragés et triomphans, que la
» douceur des sentimens les plus affectueux, revê-
» tus des formes de la plus généreuse et de la plus
» noble politesse, de cette politesse qui est la grâce
» de l'humanité, et qui double l'esprit des bien-
» faits........ »

Le retour de l'auguste famille des Bourbons en France, électrisa la plume du journaliste ; plusieurs paragraphes furent consacrés à publier les sentimens de M. Dussault à ce sujet :

« Quand on songe que des hommes qui ont au-
» jourd'hui trente ans, ne peuvent s'être formé, par
» leur propre expérience, une idée du gouverne-
» ment paternel des Bourbons; quand on songe qu'au-

» cun d'eux ne peut se souvenir d'avoir contemplé,
» au centre de cette capitale, la statue du bon
» Henri, et qu'on voit cet enthousiasme unanime
» dont tous les cœurs sont en ce moment pénétrés,
» on reconnait mieux que jamais que l'amour des
» Français pour leurs Rois, est une vertu essentielle-
» ment héréditaire dans notre nation... » etc. etc.

I. DUVAL (Pineu-Alexandre-Vincent), d'abord médiocre acteur, ensuite auteur d'une foule innombrable de comédies, opéra-comiques, drames, etc., devint administrateur, avec un nommé Gobert, du théâtre de l'Odéon, et ensuite commissaire impérial du même théâtre, lorsque les acteurs français de l'Odéon furent sociétaires. M. Duval, qui entend beaucoup mieux ses intérêts que ceux de ses administrés, a trouvé toujours le moyen de se faire payer, sans trop s'embarrasser quel était le payeur. Comme auteur de comédie, il a, dans toutes les circonstances, passablement joué son rôle.

Mais comme il n'y a qu'heur et malheur dans ce monde, M. Duval vient de perdre un procès contre les administrés de l'Odéon, qui avaient osé lui demander le prix de leurs engagemens. En rappelant de son jugement, gagnera-t-il sa cause et la confiance de ses commettans ?

II. DUVAL (Amaury), frère du précédent, comme membre de l'Institut, a célébré le mariage de Napoléon, en 1810, dans une pièce intitulée : *Un Songe d'Alexandre, fragmens d'un poéme d'Arrien*, pu-

blié et retrouvé par Amaury Duval. Un mauvais plaisant pourrait s'écrier :

> Qu'avait Arrien à faire
> Dans cette grande affaire ?

On a encore de lui : *Nouvel Elysée*, ou *Projet d'un Monument* à la mémoire de Louis XVI, in-8°. 1814. On pourra élever en même temps un monument à la gloire de M. Amaury Duval, qui attestera à la postérité la stabilité des opinions du membre de l'Institut.

DUVINEAU (Charles), auteur tragique, dont les pièces ont été imprimées à ses frais, mais jamais représentées, a fait des espèces d'*épithalames* pour le mariage de Napoléon avec Marie-Louise, et des vers pour Louis XVIII. Chevalier de l'ordre du lys, M. Duvineau va bientôt publier à la gloire du Roi, un poëme épique intitulé *la Louisiade*, qui fera l'admiration de nos derniers neveux.

DUVIQUET (l'abbé), secrétaire-général de la commission temporaire à Lyon, après le siége de cette malheureuse ville, passa au secrétariat-général du ministère de la justice, sous le comte Merlin de désastreuse mémoire, et ensuite fit des articles dans le *Journal de l'Empire*, en faveur de Napoléon, et dans le *Journal des Débats*, contre Bonaparte. Dans ce dernier, à la date du 12 janvier 1815, l'abbé Duviquet écrivait le passage suivant :

« Des extrémités du Kamchatska aux rives du Tage
» et du Douro, des bords de l'Ohio aux contrées les

» plus méridionales du Nouveau-Monde, l'ambition
» d'un seul homme avait allumé le feu de la guerre :
» les générations attaquées dans leur source, mena-
» çaient tout l'univers d'une dépopulation générale ;
» le sang et les larmes inondaient les quatre parties du
» monde ; et, pour ne parler que de ce qui nous inté-
» resse le plus, notre belle France, malheureuse par
» vingt années de victoires, était couverte d'étran-
» gers qui ne respiraient que vengeance, et qui atten-
» daient avec impatience le signal de la destruction et
» du ravage. »

Deux mois après la promulgation de ce paragraphe, l'abbé Duviquet avait perdu la mémoire, en rendant compte, dans le même journal, de la pièce d'*Hector*, à la représentation de laquelle Napoléon avait assisté ; il s'exprimait ainsi :

« Cependant, à la 3e. scène, l'empereur a paru
» au milieu des acclamations et des applaudissemens
» unanimes de l'assemblée. Les acteurs, sans atten-
» dre que le public exprimât son vœu, se sont
» retirés, et ont recommencé la pièce. Il est peu d'ou-
» vrages qui, dans les conjonctures graves où nous
» nous trouvons, donnent lieu à des allusions plus
» naturelles et à des applications plus faciles : aussi
» toutes celles qui se sont présentées ont-elles été
» saisies. Je me contenterai de citer les plus remar-
» quables. Andromaque détournant Hector d'aller
» combattre Achille :

HECTOR.

Je ne suis point à moi, je suis à la patrie.

ANDROMAQUE.

Mais ton Astianax a des droits à la vie.

HECTOR.

Il en aura peut-être à l'immortalité,
S'il imite son père.

Nous pourrions faire d'autres citations, sans pour cela convertir l'abbé Duviquet, à qui le défaut de mémoire fait dire assez souvent dans un temps, ce qu'il réprouve dans un autre.

E.

EMMERY (Jean-Louis-Claude), né le 26 avril 1752, après avoir défendu les droits de la veuve et de l'orphelin devant les tribunaux, voulut aussi parler pour les droits du peuple à l'assemblée constituante où il était député; après avoir rempli les fonctions d'orateur, il devint juge au tribunal de cassation, ensuite législateur, puis comte de Grosyeulx, sénateur le 2 fructidor an 2, commandant de la légion-d'honneur, et enfin pair de France, nommé par le Roi le 4 juin 1814.

ESTOURMEL (d'), marquis avant la révolution, chevalier de l'ordre de Saint-Lazare en 1788, ensuite député de la Somme à l'assemblée constituante, membre du corps-législatif, général, chevalier de la légion-d'honneur, par l'empereur; chevalier de l'ordre royal et militaire de Saint-Louis, par Louis XVIII.

EXCELMANS, général de division le 8 septembre

1812, comte de l'empire, commandant de la légion-d'honneur, accusé par le ministre de la guerre de plusieurs griefs très-graves, se constitua prisonnier à Lille le 14 janvier 1815, où le conseil de guerre de la 16e. division militaire devait s'assembler pour le juger. Ce conseil l'ayant acquitté à l'unanimité le 22 du même mois, il profita des premiers momens de sa liberté pour se présenter au pied du trône, et remercier Sa Majesté de lui avoir fait rendre justice, et pour lui jurer *une fidélité à toute épreuve*; mais du 23 au 26 mars, ce général se joignit aux officiers à la demi-solde, qui revenaient de Saint-Denis, pour offrir leurs services à l'empereur, qui le nomma pair de France le 4 juin suivant.

EYMERY (Alexis), libraire, rue Mazarine, n°. 30, a publié le *Dictionnaire des Girouettes*, dans lequel il s'était fait un article dans la 1re. édition; dans la seconde, il a cru qu'il était prudent de le supprimer, et il a bien fait.

Ce libraire a imprimé pour et contre, selon les circonstances, et toutes ses rapsodies se sont vendues; par la raison qu'elles ont été vantées outre mesure par ses compères les journalistes F. et D., qui trouvent admirable tout ce qui sort de la librairie de M. Alexis Eymery. Dans ce monde, pour réussir, *il faut être droit et adroit*.

F.

FABIEN-PILLET, chef de bureau des académies et lycées de l'Université impériale-royale-impériale; collaborateur du *Journal de Paris* pour la partie des spectacles, et auteur d'une foule d'épigrammes insérées dans le même journal, mit sa veine à contribution pour la naissance du roi de Rome, et chanta sur l'air : *c'est un enfant, c'est un enfant :*

>Entends nos vœux, princesse auguste !
>A chaque instant sur les Français,
>D'une main libérale et juste,
>Tu répands de nouveaux bienfaits :
>>Ce peuple t'adore;
>>Mais il ose encore
>Espérer un plus doux présent :
>>C'est un enfant. (*bis.*)

>Quel bruit a fait trembler la terre ?
>Est-ce le signal des combats ?
>Parlez, et du dieu de la guerre
>A l'instant nous suivons les pas....
>>Non, ce bruit terrible
>>D'un bonheur paisible
>Nous promet le plus sûr garant :
>>C'est un enfant (*bis.*)

>Dès long-temps, fils de la Victoire,
>Les Français, fiers de ta grandeur,
>Ne font plus de vœux pour ta gloire ;
>Ils en font tous pour ton bonheur.
>>Mais quel bien suprême,
>>Présent de Dieu même,
>Comble tes vœux en un instant ?...
>>C'est un enfant. (*bis.*)

Mais le mardi, 3 mai, jour où le Roi fit son entrée à

Paris, M. Fabien-Pillet composa l'historiette suivante, insérée dans l'Almanach des Muses de 1815, p. 251.

> Le mardi, trois mai, jour prospère,
> Je criais fort : *Vive le Roi !*
> Un quidam, placé près de moi,
> Doutait que mon vœu fût sincère.
> Ventrebleu ! lui dis-je en colère,
> Je vois qu'il vous faut des garans ;
> Eh bien ! en voici.... Je suis père ;
> Je veux conserver mes enfans.

FABRE DE L'AUDE (Jean-Pierre), membre du tribunat dont il fut un des présidens ; sénateur le 14 août 1807 ; commandant de la légion-d'honneur ; pair royal le 4 juin 1814 ; pair impérial le 4 juin 1815. Ce fut lui qui compara madame LÆTITIA (la mère Lajoie), mère de l'empereur, à la mère du Christ. Voici sa phrase textuelle :

« La conception que vous avez eue, lui dit-il, en » portant dans votre sein le grand Napoléon, n'a été » assurément qu'une inspiration divine. »

Se non è vero, bene trovato.

FAGET DE BAURE, un des présidens de la cour impériale de Paris, devint aussi un des présidens de la cour royale ; par ordonnance du Roi, du 17 février 1815, il fut nommé conseiller au conseil royal de l'instruction publique, avec un modeste traitement de 12,000 francs.

FAVARD DE L'ANGLADE (Guillaume-Jean), né le 3 avril 1762, peu connu comme avocat au parlement de Paris, mais un peu plus comme commissaire national près le tribunal d'Issoire, commença à devenir célèbre comme membre du conseil des Cinq-Cents, et mit le complément à sa célébrité, comme tribun, comme membre du corps-législatif, comme conseiller à la cour de cassation, où il fut nommé par l'empereur, le 5 décembre 1809, et conservé en 1814 par le Roi, qui le nomma ensuite maître des requêtes à son conseil.

FÉLETZ ou FÉLÈS, comme on voudra, l'un des rédacteurs du *Journal de l'Empire* ou *des Débats*, disait la messe avant la révolution, et édifiait tous les fidèles autant par ses pieux discours que par son exemple; depuis la révolution, ayant quitté la soutane, il s'est mis aux gages des propriétaires du *Journal des Débats*, à cent francs l'article, ce qui est un peu cher à la vérité; mais on ne peut jamais payer assez un abbé plus savant que Desfontaines, plus spirituel que Fréron, et plus piquant que Geoffroi. Le traitement de journaliste lui ayant paru trop mesquin, il a sollicité et obtenu, sous Napoléon, la place de conservateur de la Bibliothèque Mazarine, où l'on peut à l'aise faire le métier de chanoine.

On avait cru qu'au retour de l'auguste famille des Bourbons en France, M. l'abbé reprendrait sa soutane; on s'est trompé. M. Féletz continue de rédiger le *Journal des Débats*, et de conserver sa place de bibliothécaire, en dépit des auteurs, des artistes, et surtout des philosophes, qui n'aiment point les renégats.

FÉLIX-FAULCON, né en 1754, est un de ces

noms qui doivent passer à la postérité la plus reculée. De conseiller au présidial de Poitiers, il devint, en 1791, député de la Vienne à l'assemblée nationale constituante, et, par suite des temps, membre de la légion-d'honneur par l'empereur, à qui il adressa les vers suivans :

> O de Rome et de Vienne audacieux vainqueur,
> Que la France idolâtre et que l'Europe envie !
> Ma muse n'a jamais, d'un vers adulateur,
> Des idoles du jour encensé la faveur ;
> Mais de te rendre hommage elle se glorifie,
> La louange est permise à qui chante un héros.

Mais en juin 1814, M. Félix-Faulcon, qui de son naturel n'est ni flatteur, ni changeant dans ses opinions, disait au roi :

« Parmi les sages dont les institutions ont préparé
» le bonheur des états, l'histoire ne nous en offre pas
» qui aient réuni plus d'avantages que Votre Majesté
» pour imprimer aux lois ce caractère qui commande
» le respect des peuples. La France voit en vous, Sire,
» comme le disait Bossuet du grand Condé : *La France*
» *voit en vous ce je ne sais quoi d'achevé que les*
» *malheurs ajoutent aux grandes vertus*..... »

Comme M. Félix-Faulcon est poète et prosateur, il emploie indifféremment la poésie ou la prose pour manifester ses sentimens ; avantage réservé à très-peu de personnes.

FÉNÉLON, arrière-neveu de l'immortel auteur du *Télémaque*, était, en 1811, secrétaire de légation à Francfort, à la suite du comte d'Hédouville, et en 1814, chargé d'affaires à Francfort pour le Roi; il est à présumer que M. Fénélon de Salignac finira par devenir ambassadeur, si Dieu lui prête vie et santé.

FÉRINO, né dans le Piémont, était, avant la révolution, major au service d'Autriche, qu'il quitta pour venir en France défendre la cause de la liberté : après être devenu successivement général, comte de l'empire, sénateur, grand-officier de la légion-d'honneur sous l'empereur, M. Férino voulut bien accepter du Roi la décoration de chevalier de l'ordre royal et militaire de Saint-Louis.

FESCH (Joseph), oncle de Bonaparte, né à Ajaccio le 3 janvier 1763, tenait un peu de l'esprit remuant de son neveu; quoique déjà dans les ordres sacrés avant la révolution, il n'en servit pas moins dans l'armée du général Montesquiou, en Savoie, en 1792, et ensuite en qualité de commissaire des guerres à l'armée d'Italie. Suivant rapidement son neveu dans le chemin de la fortune, il fut, après le concordat, archevêque de Lyon, sacré le 15 août 1802; cardinal, grand-aumônier de l'empire, grand-aigle de la légion-d'honneur, membre du sénat conservateur, qui ne conservait rien; nommé pair par son neveu le 4 juin 1815. Le cardinal Fesch est aujourd'hui à Rome......

FIÉVÉE, homme de lettres si jamais il en fut, chevalier de l'empire, nommé par l'empereur préfet du département de la Nièvre, adressa à ses administrés, en avril 1814, une proclamation très-longue, de laquelle nous exhumerons quelques phrases pour l'instruction de nos derniers neveux.

« Un homme qui n'avait pas mis de bornes à son
» ambition, consent à descendre du trône, à rendre
» aux Français le pouvoir qu'ils lui avaient confié, et
» à traîner son existence comme simple particulier.
» Félicitons-le de cette résolution, en laissant à la
» postérité le soin de la juger ; il suffit que cette réso-
» lution ait arrêté un jour plus tôt l'effusion du sang
» humain, pour qu'elle nous paraisse bonne, relative-
» ment à nous.

» En effet, l'armée et le peuple n'ont eu qu'un vœu
» hautement exprimé, celui de revenir à nos rois, vé-
» ritables pères qui savent ménager et le sang des
» Français, et leur fortune, jusqu'alors si cruellement
» prodigués......

» Au commencement de notre révolution, nous
» cherchions la liberté ; nous n'avions trouvé que dé-
» sordre, malheur, esclavage, parce que nous vou-
» lions la liberté avec excès. Depuis, nous avons
» cherché la gloire, et, par de nouveaux excès, nous
» avons risqué notre existence politique ; aujourd'hui,
» nous voulons du repos, et nous le cherchons sous la
» protection de nos rois légitimes ; nous le trouverons,
» parce qu'avec eux reviendront les sentimens affec-
» tueux, le respect pour la religion et pour les idées
» morales. »

FLAHAUT est parvenu sourdement à être général
de division, comte de l'empire, officier de la légion-
d'honneur par l'empereur, et commandant de la même

légion par le Roi, ainsi que chevalier de l'ordre royal et militaire de Saint-Louis. En mars 1815, M. Flahaut ne tenant nul compte des bienfaits du Roi, devient aide-de-camp de l'empereur, qui le charge d'une mission en Autriche; mais, par une fatalité inconcevable, l'aide-de-camp fut arrêté sur le territoire de Bade, et obligé de rétrograder; ce qui lui valut d'être nommé pair par l'empereur en juin 1815.

FLAVIGNY (Alexandre), officier d'artillerie avant la révolution, maire de Laon en 1806, sous-préfet de Soissons en 1808, chevalier de l'ordre de la Réunion, baron de l'empire, préfet de la Haute-Saône en janvier 1814 par l'empereur, maintenu dans la même place en avril de la même année par le Roi; chevalier de l'ordre royal et militaire de Saint-Louis, préfet du département de la Meuse, etc. etc.

N'en demandez pas davantage.

FONTANES (L.), de Niort, né d'aïeux protestans; avant la révolution, littérateur et poète, publia une traduction de l'*Essai sur l'Homme*, de Pope, et quelques années après, *le Verger*, poëme. La révolution arrivée, M. de Fontanes composa, en 1790, un poëme séculaire pour la fête du 14 juillet, et travailla au *Modérateur;* en 1794, sous le règne de la terreur, il présenta à la convention une pétition en faveur des malheureux Lyonnais. Après le 9 thermidor, il fut nommé professeur des écoles centrales de Paris, et membre de l'Institut. Il concourut ensuite à la rédaction de la *Clef du Cabinet*, puis à celle du *Mémorial*, avec Laharpe et l'abbé de Vauxcelles. Les principes de ce dernier journal le firent comprendre dans la proscription du 18 fructidor an 5 (4 septembre 1797). Il se refugia alors en Angleterre, et revint après le 18 brumaire an 8 (9 novembre 1799) à Paris, où il concourut à la rédaction du *Mercure* avec MM. Esmenard, Laharpe et Châteaubriant ; lorsque l'on apprit en France la mort de Washington, ce fut M. Fontanes qui prononça son éloge funèbre dans le temple de Mars, le 20 pluviôse an 8.

« Quel Français, s'écrie l'orateur, quel Français,
» doué d'une imagination sensible, ne se rappelle avec
» transport le premier moment où la renommée nous
» annonça que la liberté relevait ses étendards chez les
» peuples d'Amérique ? L'ancien monde, courbé sous
» le poids des vices et des calamités qui accablaient sa
» vieillesse, retrouva quelqu'enthousiasme, et tourna
» les yeux vers ces régions lointaines, où semblait
» commencer une nouvelle époque pour le genre hu-
» main. »

Peu de temps après, il fut rappelé à l'Institut, où il avait été remplacé pendant sa proscription.

Sa nomination au corps législatif fut le prélude des honneurs qui devaient pleuvoir sur lui; il en devint président pour un an, en janvier 1804, et fut continué dans le même emploi par l'empereur en 1805.

Sous l'empereur comme sous le Roi, M. Fontanes a été comblé de faveurs.

Le 7 février 1810, Napoléon le nomma sénateur;

le 4 juin 1814, Louis XVIII le nomma pair de France.

L'empereur l'avait nommé commandant de la légion d'honneur; le 17 février 1815, le Roi le nomma grand-officier de ladite légion.

Grand-maître de l'Université impériale sous l'un, grand-maître de l'Université royale sous l'autre, il prodigua à l'un et à l'autre la louange et l'adulation, et il serait difficile de trouver un fonctionnaire public qui sût mieux varier les éloges, et les adapter aux temps et aux circonstances.

Nous nous abstiendrons de faire des citations; elles nous mèneraient trop loin; les curieux pourront recourir au *Moniteur*, qui les mettra à même de résoudre la grande question de savoir si M. de Fontanes a une opinion à lui.

Dans ces derniers temps, la grande maîtrise de l'Université a échappé à M. de Fontanes, qui s'en consolera avec peine, parce que cette honorable fonction était d'un produit très-lucratif; mais nous espérons enfin qu'un philosophe aussi transcendant prendra son parti, et s'enfermera dans son cabinet pour achever son poëme épique, intitulé : *la Grèce sauvée*, dont il a lu déjà plusieurs fragmens dans des sociétés particulières.

FOUCHÉ (de Nantes), professeur de la congrégation de l'Oratoire avant la révolution, député de la Loire-Inférieure à la convention nationale, représentant du peuple, sénateur le 27 fructidor an 10, nommé par l'empereur grand-aigle de la légion-d'honneur, duc d'Otrante, ministre de la police générale de l'empire. Bonaparte revient, le duc d'Otrante reprend de nouveau les rênes de la police. Il est nommé membre de la chambre des pairs le 4 juin 1815, président de la commission du gouvernement provisoire. Le Roi rentre dans Paris le 8 juillet suivant; le duc d'Otrante est nommé ministre-secrétaire-d'état de la police du royaume. Le Roi signe son mariage avec mademoiselle de Castellane en juillet 1815. Au mois d'août suivant, le collége électoral le nomme membre de la chambre des députés.

Le duc d'Otrante est distingué par un esprit liant, une manière facile de s'exprimer, un caractère élevé; sans passions; observateur fin et réservé, profondément versé dans l'histoire secrète des hommes et des choses de la révolution; il a tout ce qu'il faut pour faire un excellent ministre de la police.

FOURIER (Jean-Baptiste-Joseph), professeur à l'école polytechnique; commissaire du gouvernement près le gouvernement du Caire pendant l'expédition d'Égypte; baron de l'empire, membre de la légion-d'honneur et préfet du département de l'Isère en 1811, 12, 13, 14 et 15. Ceux qui voudront connaître la conduite et les opinions de M. Fourier, peuvent consulter les proclamations qu'il fit à ces diverses époques.

FRANÇAIS (de Nantes), né à Valence en Dauphiné, était officier municipal à Nantes, lorsqu'il fut nommé, en septembre 1791, député de la Loire-Inférieure à l'assemblée législative, où il se fit remarquer par un caractère bouillant. Resté dans l'oubli pendant les orages de la terreur, il reparut en 1798, et fut nommé député de l'Isère au conseil des Cinq-Cents; il en fut élu secrétaire le 20 février 1799. Ce fut lui qui, le 12 juin, retraça dans un rapport les avantages que la société doit à la découverte de l'imprimerie :

« Quand les routes, disait-il, sont infestées de vo-
» leurs, et que les voleurs ne sont pas réprimés, il
» faut allumer les réverbères. Les réverbères de l'ordre
» social sont les journaux libres. Je sais que beaucoup
» jetteront de fausses, de trompeuses lumières, mais
» d'autres aussi éclaireront les prestiges des premiers. »

C'est ainsi qu'il préluda aux attaques contre le directoire, qui fut enfin renversé; il ne reparut sur la scène qu'après la révolution opérée le 18 brumaire. Nommé d'abord préfet de la Charente-Inférieure, il devint conseiller d'état à vie sous l'empereur, qui le fit commandant de la légion d'honneur et comte de l'empire, et ensuite conseiller d'état sous le Roi le 4 juillet 1814, et enfin conseiller sous l'empereur le 25 mars 1815. Il a été directeur général de la régie des droits réunis, depuis la création de cette administration jusqu'au moment où il a été remplacé, sous le Roi, par M. Bérenger.

On ne connaît plus aujourd'hui M. Français de Nantes, que sous le nom de comte d'États-Français.

FRANÇOIS DE NEUFCHATEAU (Nicolas), né en 1750 ou 1752, à Vrécourt en Lorraine, avocat au parlement de Paris, membre de plusieurs académies de province, lieutenant-général au présidial de Mirecourt, fut nommé, en 1783, procureur général au conseil supérieur du Cap, à Saint-Domingue. De retour en France, il embrassa, en 1789, le parti de la révolution, et fut nommé, en 1790, juge de paix du canton de Vichery ; c'est en cette qualité qu'il adressa, au nom de ses administrés, à la convention nationale, la lettre suivante :

« Nous avions cru long-temps que Louis XVI vou-
» lait sincèrement l'établissement de la constitution :
» mais depuis l'époque du 10 août, tout nous con-
» vainc qu'il était un traître. Nous approuvons donc le
» parti que vous avez pris d'abolir la royauté ! Cou-
» rage, Messieurs, soyez fermes et inébranlables. Dé-
» ployez une grande force militaire ; point de me-
» sures partielles ; organisez en grand vos armées cet
» hiver ; assurez votre liberté, et vous affranchirez
» tous les peuples. »

En septembre 1791, M. François fut député du département des Vosges à la législature, où il professa les principes du républicanisme.

Emprisonné en 1793, par ordre du comité de salut public, il ne recouvra sa liberté qu'après le 9 thermidor, sur un rapport de Barrère, auquel il adressa les vers suivans :

Des suffrages du comité
Réunir l'unanimité,
C'est obtenir justice entière,
Je comptais bien sur l'équité,
L'estime qui s'y joint rend la faveur plus chère,
Et c'est un nouveau charme ajouté par Barrère,
Au charme de la liberté.

A la fin de 1795, le directoire l'envoya en qualité de commissaire dans le département des Vosges, et le 16 juillet 1797, il fut nommé ministre de l'intérieur à la place de Bénézech ; il prit possession de ce ministère le 1er. août, et remplaça Carnot au directoire après la journée du 18 fructidor an 5 (4 septembre 1797). Il fut aussi à cette époque élu membre de l'Institut. Sorti du directoire le 9 mai 1798, il reprit, le 17 juin, le ministère de l'intérieur, qu'il conserva jusqu'au 22 juin de l'année suivante. A la suite du 18 brumaire an 8 (9 novembre 1799), appelé au sénat-conservateur, il en fut nommé secrétaire le 25 mars 1801, puis président annuel en 1804 et 1805. Ce fut lui qui supplia l'empereur, en 1804, au nom du sénat, de se revêtir de la pourpre impériale.

En janvier 1815, M. François sollicita et obtint la faveur de *faire hommage de ses fables au Roi*, ayant eu toutefois la précaution de ne point admettre dans ce recueil la *fable composée pour orner la mémoire des petits sans-culottes*, qu'il avait fait imprimer en 1792.

Précédemment, il avait été nommé par l'empereur comte d'empire et commandant de la légion-d'honneur.

On doit à M. François, comme poète et comme successeur de Voltaire, une foule de poésies fugitives, parmi lesquelles on distingue un hymne à la liberté, et d'autres pièces patriotiques.

FRAYSSINOUS (l'abbé), avant 1814, chanoine honoraire du chapitre de Notre-Dame, et inspecteur général de l'Université impériale. Sous le gouvernement paternel de Louis XVIII, M. l'abbé ouvrit, dans l'église de S.-Sulpice, des conférences politico-religieuses, où se porta en foule ce qu'on appelle à Paris la bonne compagnie. C'était la mode alors; il eût été du plus mauvais ton, dans nos salons, de n'avoir pas entendu l'abbé Frayssinous. Mais enfin on se lassa d'écouter un homme qui ne faisait que répéter ce qu'on pouvait lire tranquillement chez soi, et M. l'abbé finit par conférer seul dans le désert.

Néanmoins le Roi le nomma censeur le 24 octobre 1814, et inspecteur-général des études, le 17 février 1815.

L'abbé Frayssinous n'a pas eu la maladresse de faire imprimer ses conférences, parce qu'il avait senti peut-être qu'on n'en pourrait soutenir la lecture dans le cabinet : *Verba volant, scripta manent.*

FRÉGEVILLE (le marquis de), général de brigade, lorsque la France avait le bonheur d'être gouvernée par des républicains; nommé par l'empereur général de division le 28 mars 1800; commandant de la légion-d'honneur; promu par le Roi au grade de grand-officier de ladite légion, le 27 décembre 1814; enfin chevalier de l'ordre royal et militaire de Saint-Louis.

FREMIN DE BEAUMONT (Nicolas), né le 8 avril 1744; président au conseil supérieur de Coutances, membre de l'assemblée provinciale; depuis 1789, maire; procureur-général-syndic du département de la Manche; commissaire du Roi près le tribunal criminel; sous-préfet, legislateur, baron de l'empire, membre de la légion-d'honneur; préfet du département des Bouches-du-Rhin, qu'il avait été chargé d'organiser, et préfet de la Vendée, nommé par le Roi.

I. FROCHOT, avant la révolution, avocat et prevôt royal à Arnay-le-Duc, fut député du bailliage de la Montagne aux états généraux de 1789, et devint à l'assemblée nationale l'ami de Mirabeau et l'un de ses coopérateurs. En 1792, il fut nommé juge de paix, et après le 18 brumaire an 8, il fut appelé au corps-législatif, et ensuite à la préfecture de Paris, le 22 mars 1800; l'empereur le fit conseiller d'état, et le décora du titre de commandant de la légion-d'honneur.

Dans le *Journal des Débats*, du 28 septembre 1814, on lit ce qui suit :

« Une ordonnance du Roi, en date du 16 de ce
» mois, rendue d'après le vœu de MM. les maires et
» des membres du conseil municipal de Paris, sur
» la proposition de S. Exc. le ministre secrétaire
» d'état du département de l'intérieur, a accordé
» à M. le comte Frochot, conseiller d'état hono-
» raire, une pension de quinze mille francs, payable
» sur les fonds de cette ville, en récompense des
» services qu'il lui a rendus pendant les treize an-
» nées de son administration, comme préfet de la
» Seine. »

Par décret impérial du 6 avril 1815, il fut nommé préfet des Bouches-du-Rhône.

II. FROCHOT, fils du précédent, auditeur au conseil-d'état, service extraordinaire, maître des requêtes, surnuméraire au conseil du Roi, le 4 juillet 1814; renommé par l'empereur au conseil-d'état, section de l'intérieur, en avril 1815.

G.

GANTHEAUME (H.), officier de la marine marchande avant la révolution; depuis cette époque, obtint divers commandemens, notamment dans la Méditerranée. Il devint alors contre-amiral, et accompagna le général Bonaparte dans l'expédition d'Égypte; ce fut lui aussi qui le ramena de cette contrée, et le débarqua à Fréjus, en septembre 1799. Les consuls le nommèrent membre du conseil d'état, président de la section de la marine; le 30 mai 1802, il fut nommé préfet maritime à Toulon, élevé au grade de vice-amiral, et par suite grand-aigle de la légion-d'honneur. En avril 1814, le vice-amiral donna son adhésion à la déchéance de l'empereur et au rappel de Louis XVIII, qui le nomma chevalier de l'ordre royal et militaire de Saint-Louis, le 3 juin suivant. Napoléon revient, M. Gantheaume redevient tout naturellement conseiller d'état, et président de la section de la marine.

GARAT (Dominique-Joseph), homme de lettres, membre de l'Institut, professeur d'histoire aux lycées de Paris, député du tiers-état du Labour aux états-généraux; ministre de la justice sous la convention, qui le chargea d'annoncer à Louis XVI sa condamnation.

En 1798, il fut envoyé à Naples en qualité d'ambassadeur.

Après avoir juré de maintenir la république et de haïr la royauté, M. Garat passa au sénat-conservateur le 3 nivose an 8, et fut nommé commandant de la légion-d'honneur.

Le 5 février 1809, il fit à l'empereur, à la tête de l'Institut, un discours, dans lequel on ne remarque aucune de ces *idées libérales* que M. Garat avait tant de fois manifestées dans ses écrits, et dans les journaux à la rédaction desquels il était employé.

M. Garat sénateur, M. Garat commandant de la légion-d'honneur par l'empereur, crut devoir signer la déchéance de Napoléon, et rappeler les Bourbons.

Membre de la dernière chambre des représentans, M. Garat crut devoir aussi se prononcer fortement pour reconnaître Napoléon II.

I. GARNIER (Germain), né à Auxerre en 1746 ou 1754, avocat au parlement, procureur au Châtelet de Paris, était, en 1789, secrétaire du cabinet de Madame Adélaïde. En 1790, il fut nommé administrateur et membre du directoire du département de la Seine, fonctions qu'il remplit jusqu'en 1792. Sous le gouvernement consulaire, il devint préfet de Seine et Oise, d'où il fut appelé, le 27 mars 1804, au sénat conservateur, et porté ensuite sur la feuille des bénéfices à la trésorerie de Trèves; comte de l'empire; commandant de la légion-d'honneur, président annuel du sénat depuis le 1er. juillet 1809 jusqu'au 1er. juillet 1811. C'est dans cette session que M. Garnier adressa à l'empereur un petit discours, dont voici quelques bribes:

« Sire, Votre Majesté travaillait à assurer le repos
» du continent, lorsqu'elle s'est vue forcée de cou-
» rir à de nouveaux triomphes, et d'ajouter à tant
» de prodiges passés, qui semblaient avoir épuisé
» l'imagination, des prodiges encore plus étonnans...

» Les seuls ennemis dont vous ayez voulu l'anéan-
» tissement, ce sont l'anarchie du continent, et le
» despotisme injurieux qui pèse sur les mers....

» Le sénat, Sire, qui sert la patrie et l'humanité
» en concourant à l'exécution de vos nobles desseins,
» par son zèle constant et son inébranlable fidé-
» lité, vient apporter au pied du trône le tribut
» de son admiration et de son amour pour votre per-
» sonne auguste....»

Par décret impérial du 26 décembre 1813, M. Garnier fut envoyé comme commissaire extraordinaire dans la 11e. division militaire à Bordeaux ; ce qui ne l'empêcha pas, en 1814, de signer la déchéance de Napoléon, et de faire partie de la chambre des pairs nommés par Louis XVIII, le 4 juin de la même année.

M. Garnier est associé de l'Institut, et auteur d'un grand nombre d'ouvrages et de quelques traductions qui ne sont pas sans mérite.

II. GARNIER de Saintes (J.), député de la Charente-Inférieure à la convention nationale, réélu au conseil des Cinq-Cents en 1797, président du tribunal criminel de Saintes en 1806, membre de la légion, faisait partie de la dernière chambre des représentans de Napoléon, en 1815.

GARAN-DE-COULON (Jean-Philippe), membre de l'Institut, député de Paris à la législature, député du Loiret à la convention nationale, commissaire de ladite convention auprès du tribunal criminel extraordinaire, fut porté par suite de la révolution du 18 brumaire an VIII, à la place de membre du sénat-conservateur, et en mai 1804, pourvu de la sénatorerie de Riom, et décoré du titre de membre de la légion-d'honneur.

On a de lui un grand nombre d'écrits relatifs à la révolution, aujourd'hui oubliés, et d'autres ouvrages un peu plus importans.

GASSENDI (Jean-Jacques-Basilien), né le 18 décembre 1748; général de brigade d'artillerie, nommé par Bonaparte en 1800, pour commander le parc d'artillerie au camp de réserve formé à Dijon; général de division dans la même arme; commandant de la légion-d'honneur, nommé par l'empereur; chevalier de l'ordre royal et militaire de Saint-Louis; conseiller d'état, service ordinaire, section de la guerre, par l'empereur; pair de France le 4 juin 1814, par le Roi; et enfin pair de France, nommé par l'empereur, le 4 juin 1815.

GAU, ancien commissaire des guerres, fut secrétaire du député Aubry, lorsque celui-ci était, comme membre du comité de salut public, chargé de la partie militaire; membre du conseil des Cinq-Cents, il fut compris au nombre des députés qui devaient être déportés au 18 fructidor; il se rendit à Oléron, d'où les consuls le rappelèrent en décembre 1799. Il entra alors au ministère de la guerre, comme chef de division, et le 12 mars 1802, il fut appelé au conseil d'état, chargé de la direction de la 1re. section de l'administration de la guerre. L'empereur le nomma baron de l'empire et commandant de la légion-d'honneur. Comme M. Gau ne transige jamais contre ses intérêts, au commencement d'avril 1814, il envoya son adhésion à l'acte constitutionnel, et sa promesse d'obéissance et de fidélité à la maison de Bourbon. En conséquence, le Roi le nomma conseiller honoraire, le 4 juillet 1814; mais, le 27 mars 1815, M. Gau rentre au conseil d'état de l'empereur, sans le moindre scrupule.

GENLIS (Brulart de Sillery, comtesse de), *gouverneur* des enfans du Duc d'Orléans, quitta la France en 1792, et resta en Allemagne jusqu'à l'avénement de Bonaparte. En 1805, le gouvernement lui accorda une pension de 6,000 francs.

Lancée de bonne heure dans la société, elle en saisit à merveille les ridicules, en distingua avec finesse toutes les nuances, et en devina avec habileté les perfidies. Il eût été à désirer qu'elle n'eût pas été appelée, par la nature de ses liaisons, à jouer un rôle dans la révolution.

On a de cette dame un grand nombre d'ouvrages, dont la plus grande partie roule sur l'éducation.

GENTIL, officier de la 10e. légion de la garde nationale de Paris, auteur de plusieurs vaudevilles et d'une foule de chansons que les amateurs chantent dans leurs momens de loisirs. M. Gentil ne compose pas toujours seul; il prend quelquefois des coopérateurs, et fait en société, avec M. Rougemont, les *Fêtes Françaises*, ou *Paris en Miniature*, vaudeville donné aux Variétés, en 1810, à l'occasion du mariage de l'empereur; et le *Retour des Lys*, vaudeville donné au même théâtre, en mai 1814. Une autre fois il implore les secours de MM. Désaugiers et Brasier, qui l'aident à achever l'*Isle de l'Espérance*, vaudeville de circonstances, représenté aux Variétés en juin 1814. Mais, dans la *Bonne Nouvelle*, vaudeville composé à l'occasion de la naissance de S. M. le roi de Rome, il marche sans lisières. Ceux qui ont bonne mémoire, fredonnent de temps en temps les couplets suivans, extraits de ce vaudeville :

> Amis, le Ciel nous fait connaître
> Sa justice dans tous les temps;
> Et ce cher prince devait naître
> La veille même du printemps;
> Déjà succède à la froidure
> Un air plus doux, plus caressant;
> Et tout sourit dans la Nature
> Aux rayons du soleil naissant.
>
> Qu'il vive jusqu'au plus grand âge
> Auprès de ses nobles parens !
> Souhaitons-lui pour héritage
> Leurs traits, leurs vertus, leurs talens;

> Que dans tous les temps la souffrance
> S'éloigne à son moindre désir;
> Qu'il soit bercé par l'espérance,
> Et réveillé par le plaisir.

Comme officier dans la garde nationale, M. Gentil adresse, en 1814, à ses camarades, ces couplets :

> Dignes soutiens de la couronne,
> De nos rois jurons le bonheur,
> Et faisons du lys qu'on nous donne,
> Le symbole de notre cœur.
>
> . . . .
>
> Ici que chacun de nous chante
> Les vertus d'un prince loyal,
> Et bénissons la main puissante
> Qui l'a fait notre général (1).
>
> Dans le zèle qui nous anime,
> Inscrivons sur nos étendards :
> *Amour au trône légitime,*
> *Respect aux lois, honneur aux arts !*
> Dignes soutiens de la couronne;
> De nos rois jurons le bonheur,
> Et faisons du lys qu'on nous donne,
> Le symbole de notre cœur.

GÉRARD (N.), peintre aux Quatre-Nations, a exposé,

Le 1er. novembre 1812, au *Musée Napoléon*, sous les nos. 412 et 413 de la notice :

Portrait en pied de S. M. l'impératrice et reine ;
Portait en pied de S. M. le roi de Rome.

---

(1) Monsieur, Comte d'Artois.

Le 1er. novembre 1814, au *Musée royal des Arts*, sous le n°. 425 :

Portrait en pied de S. M. Louis XVIII.

GILBERT-DE-VOISINS (Pierre-Paul-Alexandre), alternativement, et pour le bien de la chose,

Président de la cour impériale de Paris ;

Président de la cour royale de Paris ;

Premier président de la même cour, devenue impériale, le 24 mars 1815 ;

Maître des requêtes ordinaire sous l'empereur, le 14 avril 1813 ;

Maître des requêtes sous le Roi, le 4 juillet 1814 ;

En dernier résultat, pair de France, par l'empereur, le 4 juin 1815.

GIRARDIN (Stanislas comte de), né le 20 janvier 1762, capitaine de dragons, député du département de l'Oise à l'assemblée législative, après le 10 août, disparut de la scène politique ; mais après le 18 brumaire, il fut appelé, en décembre 1799, au tribunat, dont il devint secrétaire, le 21 février 1804 ; en 1806, il fut nommé commandant de la légion-d'honneur ; préfet du département de la Seine-Inférieure sous le régime royal ; il jugea à propos de s'y maintenir sous le régime redevenu impérial.

GIRAUD (P.-F.-F.-J.), ex-rédacteur du *Journal de Paris*, voulant transmettre à la postérité l'excès de plaisir que lui avait causée la naissance du roi de Rome, invoqua Apollon et les neuf Muses, et dans un délire pindarique, fit jaillir de son cerveau une ode en quatorze strophes, ni plus ni moins, ode incomparable, et dont nous allons donner un avant-goût à nos lecteurs, en leur citant les deux strophes suivantes :

> Il est né ! la Nature en fête,
> Au signal par les Dieux donné,
> De bonheur tressaille, et répète
> En concert immense : il est né !
> Crois, enfant, l'orgueil de ta mère !
> Crois pour apprendre sous ton père
> L'art sublime des potentats!
> Déjà sur ta tête innocente
> Plane sa pensée imposante
> Et le destin de vingt états.
>
> Ah ! si jamais la flatterie,
> Avec ses charmes dangereux,
> Voulait, trahissant la patrie,
> Etouffer ces germes heureux,
> Rappelle-toi notre allégresse,
> Notre impatiente tendresse
> Payant tes futures vertus ;
> Roi, songe encor que tu nais homme,
> Et que pour être roi de Rome,
> Il faut lui rendre son Titus.

Dans *la Campagne de Paris, en* 1814, production historique sortie de la plume de M. Giraud, on lit, ligne 19, les deux vers suivans :

> La vengeance et la fourbe, et le droit de la force,
> Et le mépris des Dieux, voilà les lois du Corse.

Tel est le texte d'un morceau de prose très-étendu, dans lequel l'auteur fait le résumé de tous les griefs, de tous les crimes et forfaits dont le Corse s'est rendu coupable : ne pouvant donner en entier cette catilinaire éloquente, nous allons en transcrire quelques passages :

« Charlatan effronté, il avait fini par se faire un jeu
» de la fourberie ; il en fit ses moyens habituels de
» succès. Ce fut sur ces faux et vils appuis qu'il éleva
» le colosse de sa grandeur, et il ne sentit pas qu'il en
» plaçait la base dans la boue. Il préluda par l'usurpa-
» tion de la renommée à l'usurpation de la puissance ;
» il s'environna d'une opinion factice de talens et de
» supériorité, au moyen de laquelle il devint *l'homme*
» *unique* dans l'État. *Les journaux furent ses com-*
» *plices long-temps avant d'être ses esclaves*.....

» Quant à sa passion pour la vengeance, quoiqu'il
» ait donné quelquefois des représentations publiques
» d'actes de clémence que l'intérêt lui dictait, que les
» circonstances lui arrachaient, il est probable qu'il n'a
» jamais pardonné une injure du fond du cœur. Sa
» haine implacable était quelquefois adroite et dissi-
» mulée......

» Et comment se serait-il refusé le sacrifice de quel-
» ques hommes, lui qui professait le mépris le plus
» absolu pour l'humanité, qui s'était fait *l'unité abso-*
» *lue*, le *chiffre positif* de ses calculs prétendus poli-
» tiques, et plaçait après lui, pour augmenter sa va-
» leur, des millions d'hommes comme des millions de
» zéros ? lui qui ne voyait dans les peuples que des
» quantités à dépenser..... »

Si M. Giraud a eu la faiblesse de louer Napoléon, il faut le lui pardonner, il en fait une amende-honorable assez belle.

GOSSEC (François-Joseph), célèbre compositeur français, professeur au ci-devant conservatoire de musique, consacra, dès le commencement de la révolution, ses talens à des sujets patriotiques; il donna successivement la musique du *Camp de Grandpré*, de *l'Hymne à la Raison*, de la *Reprise de Toulon*, et de *l'Hymne pour la fête de l'Être Suprême*. Cet artiste composa encore, pour le 14 juillet, un chant sur les *Paroles de l'imprécation de Brutus*, et le *Champ funèbre en l'honneur des Ministres français assassinés à Rastadt*. Entré depuis à l'Institut, classe des beaux-arts, il fut nommé par l'empereur, en 1804, chevalier de la légion-d'honneur, et par le Roi administrateur provisoire du conservatoire royal de musique.

GOUFFÉ (Armand), sous-chef au ministère des finances, auteur d'une foule de chansons pleines d'esprit, de grâces et de délicatesse, ainsi que de plusieurs vaudevilles agréables, s'est transformé en troubadour pour chanter, dans un Noël, la naissance du roi de Rome.

    O toi, dont la naissance
    Comble enfin tous nos vœux,
    Jeune espoir de la France,
    Enfant chéri des Cieux !
    Le troubadour joyeux
    En te voyant s'écrie :
Un noël nouveau t'est bien dû,
Puisque nous t'avons attendu
    Comme un nouveau Messie.

    Que surtout on révère,
    Devant lui prosterné,

> D'une royale mère
> Le royal nouveau-né ;
> Qu'il soit environné
> De riantes images :
> Mortels, accourez à ma voix !
> Il doit des bergers et des rois
> Recevoir les hommages, etc..

Mais le 26 avril 1814, M. Gouffé fit insérer, dans le *Journal de Paris*, un petit *calembour*, qui a fait beaucoup de bruit dans les salons, et qui a vivement excité la jalousie de M. *Armand-Ragueneau*, qui ne veut pas qu'on chasse sur ses terres.

> Aujourd'hui les acteurs Français,
> Prompts à saisir l'instant propice,
> Pour obtenir un grand succès,
> Affichent *le Retour d'Ulysse*.
> Qui ne serait pas attendri,
> Au retour d'un prince chéri,
> Dont on pleurait la longue absence ?
> Avec lui quelle ressemblance
> Offre le fils du bon Henri !
> La pièce est bien de circonstance ;
> Quant à son titre, dieu merci,
> Je crois qu'il doit nous plaire aussi,
> C'est.... *le Retour du Lys... en France !*

Le 10 mai de la même année, le même journal portait une autre chanson de M. Gouffé, sous le titre de *vive Henri*.

I. GOUVION, général de division, fit plusieurs campagnes en Italie, et se distingua, en Hollande, à la bataille de Kastrichum. Il fut appelé en février 1800 près de Bonaparte, qui lui manda « qu'ayant fait sous lui

» ses premières armes, il était impatient de le revoir, et » comptait le nommer son premier lieutenant. » En mai 1802, ce général obtint la place d'inspecteur-général de la gendarmerie, alla présider, en décembre 1803, le collége électoral du département de la Drôme, qui le nomma candidat au sénat, où il entra le 1er. février 1805. Nommé par l'empereur comte d'empire, grand-officier de la légion-d'honneur; pair de France, nommé par le Roi, le 4 juin 1814.

II. GOUVION-SAINT-CYR, général de division, se distingua en Italie pendant les campagnes de 1793 et 1794. Vers la fin de 1801, il fut appelé au conseil d'état, section de la guerre. Au mois d'août 1804, il fut nommé colonel-général des cuirassiers, et le 1er. février 1805, décoré du titre de grand-officier de la légion-d'honneur, et par suite maréchal d'empire et grand-aigle de la légion-d'honneur. Le 1er. juin 1814, le Roi le nomma chevalier de l'ordre royal et militaire de Saint-Louis, pair de France le 4 du même mois, et le 24 septembre commandeur de l'ordre royal et militaire de Saint-Louis. Admis à faire sa cour à Napoléon, à son arrivée de l'île d'Elbe, le Roi ne l'en nomma pas moins, à son retour à Paris, en 1815, ministre de la guerre.

GOYON (le comte de), officier major aux gardes-françaises, entra dans la garde constitutionnelle de Louis XVI. Contraint de quitter la France, il y rentra après le 18 brumaire an VIII, et fut successivement auditeur au conseil d'état, baron de l'empire, officier de la légion-d'honneur ; préfet de l'Aveyron, et ensuite de la Méditerranée, par l'empereur; chevalier de Saint-Louis et préfet des Côtes-du-Nord, par le Roi.

GRANGE (le marquis de la), général de division, le 29 juin 1808; commandant de la légion-d'honneur ; commandeur de l'ordre royal et militaire de Saint-Louis, capitaine-lieutenant de la 2e. compagnie des mousquetaires de la garde du Roi.

GRÉGOIRE (H.), né près de Lunéville en 1750, devint curé d'Embermesnil, puis député du clergé du bailliage de Nancy aux états-généraux, ou il se prononça pour la liberté. Il fut le premier ecclésiastique qui prêta le serment constitutionnel. L'évêché de Blois en fut la récompense. Nommé en septembre 1792 député de Loir-et-Cher à la convention, il provoqua le 20, et fit prononcer, séance tenante, l'abolition de la royauté, en affirmant que « les » rois sont dans l'ordre moral ce que les monstres » sont dans l'ordre physique, et que leur histoire » est celle du martyrologe des nations. » En septembre 1795, il passa au conseil des Cinq-Cents, et en novembre 1797, il tint un concile national à Paris. Après le 18 brumaire an VIII (décembre 1799), il entra au corps-législatif, et le 25 décembre 1801, il fut élu membre du sénat-conservateur, comte de l'empire et commandant de la légion-d'honneur par Napoléon. Il paraît que, si M. Grégoire n'aime pas les rois, il n'a pas la même aversion pour les empereurs.

Avant la révolution, l'ancien évêque de Blois était membre de l'académie de Metz; il le devint ensuite de l'Institut et de la société d'Agriculture de Paris; car M. Grégoire, comme son illustre collègue, M. François de Neufchâteau, s'amuse à faire de l'agriculture en chambre.

Président de l'assemblée affiliée à la société des Noirs, il les a toujours défendus et traités en frères, et sa plume féconde a été tellement à leur service, qu'on a souvent douté si le roi noir Henry ne lui ferait pas offrir par le comte de *Limonade*, le patriarchat de Saint-Domingue.

On se demande tous les jours pourquoi le comte Grégoire, qui s'est élevé avec tant de force contre les rois, en se montrant un des partisans les plus zélés de la liberté et de l'égalité, a daigné accepter des places très-lucratives, des dignités et des droits honorifiques? Pourquoi? Tout le monde le devine: *Virtus post nummos.*

On a de M. Grégoire un grand nombre d'ouvrages et de discours qui attestent que les opinions de plusieurs individus suivent la diversité des temps, et que l'influence de certains astres entre pour beaucoup dans leurs changemens périodiques de pensées et de conduite.

GROUCHY (Emmanuel de), né le 23 octobre 1766, sous-lieutenant des gardes-du-corps sous Louis XVI, embrassa le parti de la révolution, fut nommé, au commencement de 1792, colonel du régiment de Condé, dragons, et devint ensuite général divisionnaire. L'empereur le nomma maréchal d'empire, grand aigle de la légion-d'honneur ; le Roi le nomma premier inspecteur-général des chasseurs et lanciers, l'admit dans l'ordre royal et militaire de St.-Louis, et le décora du grand cordon. Napoléon, à son retour de l'île d'Elbe, l'éleva à la pairie le 4 juin 1815.

GUÉROULT, professeur d'éloquence au collége d'Harcourt avant la révolution, et depuis professeur d'éloquence latine au collége de France ; professeur au Lycée Napoléon, a joint encore à ces places, tantôt celle de conseiller titulaire de l'Université *impériale ;* tantôt celle de conseiller au conseil *royal* de l'instruction publique, le 17 février 1815 ; et tantôt, enfin, celle de conseiller titulaire de l'Université *impériale*, le 3 mars 1815. Nommé membre de l'ordre de la Réunion par l'empereur ; nommé membre de la légion d'honneur par le roi.

M. Guéroult, au reste, pense et dit comme Malherbe, qu'il ne faut pas s'embarrasser du gouvernail d'un vaisseau où l'on n'est que passager ; en conséquence, il laisse faire les pilotes à leur gré, pourvu qu'ils gouvernent leur bâtiment de telle sorte, que M. Guéroult n'en soit point incommodé, et qu'il jouisse de tous les objets d'utilité et d'agrément qui peuvent se présenter dans le voyage.

Ce professeur a donné, en 1792, la *Journée de Marathon*, ou le *Triomphe de la Liberté*, pièce historique en prose. On lui attribue aussi la chanson suivante :

AUX MÈRES DES GUERRIERS FRANÇAIS.

AIR : *Malgré la bataille.*

Courageuses mères
Des guerriers Français,
Épouses si chères,
Calmez vos regrets:
Français, à la gloire
Bornez vos désirs,
Après la victoire
Viendront les plaisirs.

Tant que sur la Terre
Vit un oppresseur,
Qui peut de la guerre
Plaindre la rigueur?
Il faut à la gloire
Savoir immoler
Ce que la victoire
Viendra réparer.

Quand pour la patrie
On devrait mourir,
Lui donner sa vie
N'est-ce pas jouir?
Qui sait à la gloire
Borner ses désirs,
Trouve à la victoire
Assez de plaisirs.

Des traits de la foudre
Nos bras vont s'armer,
Les rois dans la poudre
Bientôt vont rentrer.

Français à la gloire
Bornez vos desirs;
Après la victoire
Viendront les plaisirs.

H.

HAPDÉ (J.-B.-A.), feiseur de vaudevilles, de mélodrames et de pantomimes, aussi fameux sur les théâtres des boulevarts, que M. Gilbert de Pixérécourt, fit représenter, le 1er. avril 1810, lors du mariage de Napoléon, au théâtre de la porte St.-Martin, une pantomime intitulée l'*Union de Mars et de Flore*, qui eut le plus grand succès par les allusions fines qu'elle renfermait. Il donna depuis l'*Homme du Destin*, pièce à grand spectacle qui fit la plus vive sensation sur les spectateurs, et enchanta *Napoléon*, qui se trouva extrêmement flatté d'être le héros d'une des productions dramatiques de M. Hapdé.

Malgré les applaudissemens du public et la satisfaction de l'empereur, M. Hapdé abandonna la carrière du théâtre, et obtint la place de directeur des hôpitaux militaires, dont les émolumens valent beaucoup mieux que ceux d'auteur. Son changement d'état en produisit un dans ses opinions, et le mélodramiste, qui avait bassement flatté l'*Homme du Destin*, chanta alors la palinodie dans une brochure intulée les *Sépulcres de la grande armée*, ou *Tableau des hôpitaux militaires pendant la dernière campagne de*

Bonaparte; Paris, 1814. Nous en extrairons le passage suivant :

« N'a-t-on pas vu vingt fois conduire à toute bride, des fourgons d'ambulance pleins de soldats qu'on venait d'amputer? N'a-t-on pas vu (ce trait fait frémir d'horreur), immédiatement après le massacre de *Lutzen*, toute la maison de *Bonaparte*, composée de plus de soixante voitures, traverser ventre à terre le champ de bataille, fouler aux pieds des chevaux, écraser sans pitié même de malheureux blessés français !.... »

» Eh bien ! les cris affreux, déchirans, ces corps mutilés se roulant pêle-mêle, se hâtant de traîner après eux des membres en lambeaux, cherchant encore la vie sur le champ de la mort, l'effroyable craquement des os et des crânes, le sang et les cervelles qui jaillissaient jusque sur les écuyers, rien ne put arrêter la course meurtrière de ces barbares valets...... »

HAUBERSAERT (Alexandre-Joseph-Séraphin d'), né le 18 octobre 1762, avant la révolution, substitut du procureur-général au parlement de Flandre, et depuis premier président de la cour d'appel séante à Douai, d'où il s'élança au sénat-conservateur; membre de la légion-d'honneur nommé par l'empereur, et pair de France nommé par le Roi le 4 juin 1814.

HAUTERIVE (Maurice-Blanc-Lanaute d'), ex-oratorien, né le 15 avril 1754, fut, en 1789, envoyé comme consul dans un des ports de l'Amérique. Rentré en France en 1795, il devint chef de division au ministère des relations extérieures; membre de la légion-d'honneur, comte de l'empire, membre du conseil du sceau des titres, garde des archives des relations extérieures; conseiller d'état, service ordinaire, nommé par l'empereur; conseiller d'état, service extraordinaire, nommé par le Roi le 4 juillet 1814; rentré au conseil d'état de l'empereur le 25 mars 1815, service ordinaire hors des sections.

M. Hauterive est auteur d'un ouvrage politique intitulé : *De l'Etat de la France à la fin de l'an VIII*, qu'il publia en 1800.

HAXO, baron de l'empire, lieutenant-général du corps du génie le 5 décembre 1812; officier de la légion-d'honneur; commandant de la même légion, nommé par le Roi le 29 juillet 1814; chevalier de l'ordre royal et militaire de Saint-Louis; aide-de-camp de l'empereur dans sa dernière campagne de la Belgique.

HÉDOUVILLE (J.), ancien page de la Reine, puis lieutenant au régiment de Languedoc, dragons, servit avec distinction dans les armées de la république dont il fut un des généraux-divisionnaires, et contribua à la pacification de la Vendée. Vers la fin de 1801, il fut nommé ambassadeur de France à Pétersbourg, d'où il revint en juillet 1804. Peu après, il fut appelé à la place de chambellan ordinaire de l'empereur, créé sénateur, comte de l'empire et grand officier de la légion-d'honneur le 1er. février 1805. Nommé par le Roi pair de France le 4 juin 1814, et chevalier de l'ordre royal et militaire de Saint-Louis, le 27 juin de la même année.

HENRION DE PENSEY (Pierre-Paul), né le 28 mars 1742, avocat au Parlement de Paris, président de l'administration du département de la Haute-Marne en l'an 5, professeur de législation aux écoles centrales en l'an 6 ; administrateur du département jusqu'en l'an 8 ; baron de l'empire ; conseiller à la cour de Cassation en germinal an 8, ensuite président de cette cour, membre de la légion-d'honneur ; conseiller d'état nommé par le Roi le 4 juillet 1814, etc. etc.

HERVIN DE NEVELLE, conseiller à Houtschoote, député aux états-généraux de 1789 par le tiers-état du bailliage de Bailleul, député du département de la Lys au conseil des Anciens, en mars 1799 ; entré en décembre au sénat-conservateur, et commandant de la légion-d'honneur ; pair-sénateur par le Roi, le 4 juin 1814.

HULLIN fut un des premiers qui, au siége de la Bastille, pénétra dans l'intérieur du fort, se saisit du gouverneur, et le conduisit à l'Hôtel-de-ville où il fut massacré. Général de brigade sous la république, général de division sous le gouvernement consulaire, ce fut lui qui, le 22 floréal 1804, présida la commission militaire assemblée qui, condamna à mort le duc d'Enghien ; comte de l'empire, successivement gouverneur de Berlin, commandant de Vienne, et nommé commandant de la légion-d'honneur ; chevalier de l'ordre de l'Aigle noir de Prusse, commandant la 1re. division militaire.

En avril 1814, il écrivit au prince de Bénévent :

« Dégagé maintenant du serment de fidélité que
» nous avions prêté à l'empereur, mon état-major et
» nous nous empressons d'adhérer aux mesures prises
» par le nouveau gouvernement.

» Mes principes sont invariables ; je me dois à ma
» patrie avant tout. Persuadé que le nouvel ordre
» de choses ne s'établit que pour son bonheur, je
» prie V. A. S. de vouloir bien être l'organe de mes
» sentimens pour la chose publique, et de mon dé-
» vouement pour notre nouveau Souverain. J'écris
» à S. Exc. le ministre de la guerre, pour lui faire
» connaître la démarche que je fais, et qui est com-
» mune à tous les officiers qui composent mon état-
» major. Je prie en même temps M. le général Du-
» pont, de me transmettre ses ordres. »

Au retour du Roi, le 8 juillet suivant, M. Hullin céda avec beaucoup de grâces au général Maison son commandement de la place de Paris.

I.

ISABEY, peintre, rue des Trois-Frères. Les peintres ne sont pas plus tenus que les poètes à avoir une opinion fixe et déterminée ; et M. Isabey a pu, tout aussi bien que M. Jacquelin, jouir de ce privilége. En conséquence, comme dessinateur du cabinet de S. M. l'empereur et roi, M. Isabey a fait le portrait de l'empereur, celui de l'impératrice, et du roi de Rome ; et ensuite celui du Roi, qui a bien voulu lui donner séance au mois de mai 1814.

Nommé peintre du cabinet du Roi le 15 juin de la même année, M. Isabey est allé à Vienne, où il a peint le roi de Rome.

J.

JACQUELIN (J.), commis principal au ministère de la guerre (1810), vaudevilliste, et surtout bon convive, n'a pas cru indigne de lui d'emboucher la trompette lyrique sur la naissance du roi de Rome. (Voy. *Hommages Poétiques*, tome 1, page 105.) On a surtout retenu cette strophe où le Pindare moderne, se laissant emporter par sa fougue poétique, s'écrie :

> Honneur à toi dont la couronne
> Resplendit de lauriers chéris,
> Qu'Apollon, Thémis et Bellone
> Réservent à leurs favoris :
> Quand d'une main tu tiens l'épée,
> Des beaux arts ton ame occupée,
> Les fait fleurir avec les lois ;
> Du sein des camps le code s'ouvre,
> Et ta voix rétablit le Louvre,
> Accusant l'oubli de nos Rois.

Dans les *Étrennes du Lys*, dédiées à Madame la Duchesse d'Angoulême : Paris, Rosa, libraire, on remarque une pièce de vers très-saillante, *la Renaissance des Lys*, qui commence ainsi :

> Tout s'embellit dans la Nature ;
> Le doux printemps est de retour :
> De la France heureuse parure,
> Lys, renaissez à votre tour.
> Long-temps battus et courbés par l'orage,
> Brillez à nos yeux satisfaits,
> Tel le soleil, en sortant d'un nuage,
> Nous fait mieux sentir ses bienfaits.

Nous avons oublié de dire que M. Jacquelin a été nommé par le Roi chevalier de la légion-d'honneur.

JACQUES-JUGE, connu sous le titre banal de *Jacques-Juge*, avocat. Nous ne pouvons affirmer si M. *Jacques-Juge* est avocat plaidant ou consultant ; tout ce que nous savons, c'est que M. *Jacques-Juge* est auteur d'un poëme contre Napoléon, dont on ne connaît jusqu'ici que quelques fragmens ; celui-ci, par exemple :

> Mortel audacieux que le vice dépare,
> Fait pour régner despote, ou pour ramper esclave ;
> Infatigable, vil, souple, fallacieux,
> Et cruel par principe autant qu'ambitieux ;
> Perfide en ses bienfaits, ivre de tyrannie,
> A son ambition devant tout son génie ;
> Coupable en ses desseins, fourbe en tous ses discours,
> Ennemi des vertus qu'il affecta toujours ;
> Né d'un sol étranger, misérable insulaire,
> Il ne sent pas pour toi ce qu'on sent pour sa mère.

Après s'être déchaîné contre l'empereur, M. Jacques-Juge, à qui l'on pourrait reprocher de n'être pas un bon juge en politique, s'exprime ainsi dans une brochure intitulée : *Du Gouvernement de Louis*

XVIII, ou *les Causes de la Journée du* 20 *Mars* 1815, in-8°. :

« Les premiers pas de Louis sur le sol français
» furent marqués par les traits du despotisme le plus
» révoltant. Il osa humilier la nation en proscrivant
» la cocarde et le drapeau tricolores qui lui étaient
» chers depuis si long-temps ; ils étaient les signes
» de son affranchissement et les témoins de 25 années
» de gloire ! La couleur blanche fut substituée ; signe
» servile, et qui ne rappelait aucun grand sou-
» venir..... »

M. Jacques-Juge, si l'on en juge par ses écrits, est un homme très-difficile à contenter; et, sous un gouvernement quelconque, on risquera toujours de déplaire à M. Jacques-Juge.

JAUBERT (François), né le 3 octobre 1758, jurisconsulte, professeur en droit à l'Université de Bordeaux, colonel des gardes nationales, tribun, conseiller d'état, gouverneur de la banque, etc. etc., a fini par être conseiller à la cour de Cassation sous Louis XVIII, en 1814, et directeur des contributions indirectes, sous Napoléon, en 1815.

JAUCOURT (Arnail-François, comte de), colonel du régiment de Condé, dragons, président, en 1790, du département de Seine-et-Marne, nommé en 1791 député à l'assemblée législative, membre du tribunat, après la révolution du 18 brumaire an 8 (9 novembre 1799), appelé au sénat le 30 octobre 1803; en 1804 nommé premier chambellan de la maison du prince Joseph, commandant de la légion-d'honneur, comte de l'empire. Le 1er. avril 1814, il fut un des cinq membres composant la commission chargée du gouvernement provisoire; ministre d'état, composant le conseil de S. M. Louis XVIII; ministre de la marine.

JAY, ex-membre de la chambre des représentans, un des collaborateurs du *Journal de Paris*, dont les articles sont signés N., est tout-à-la-fois poète et prosateur; comme poète, on connaît de lui des stances sur la campagne de S. M. en 1805, une ode sur son couronnement, insérée dans l'*Almanach des Muses* de 1806, page 1, dont nous détachons les strophes suivantes :

>Il parle : ô pouvoir d'un grand homme !
>Les arts fleurissent à sa voix;
>Les beaux jours d'Athène et de Rome
>Renaissent encore une fois;
>Le bronze et le marbre respirent;
>Les Français sur la toile admirent
>Les triomphes de leurs guerriers;
>Et pleins d'audace et de génie,
>Les nourrissons de Polymnie
>Vont cueillir d'immortels lauriers.
>
>Reviens, Napoléon t'appelle :
>Qui peut méconnaître ta loi?
>Lorsque des héros le modèle
>Abaisse son front devant toi?
>Sors de tes demeures funèbres;
>Un jour pur succède aux ténèbres
>Qui te dérobaient à nos yeux;
>Tu reparais, la tolérance,
>La paix et la douce espérance
>Précèdent tes pas glorieux.

Voilà par quels nobles services
S'obtient le droit de gouverner ;
Voilà sous quels heureux auspices
Napoléon, tu vas régner !
Retentissez, chants d'allégresse !
Que nos transports et notre ivresse
Au monde apprennent notre choix !
Le Ciel lui-même vous inspire ;
Français ! le sceptre de l'Empire
Appartient au vainqueur des Rois.

En 1811, M. Jay, poursuivant sa carrière lyrique, publia et fit insérer dans les *Hommages poétiques*, tome 2, page 256, une ode sur la naissance du roi de Rome, pleine d'idées, de verve, d'images et de sentimens.

Comme la poésie diffère de la prose, ce que M. Jay avait pensé comme poète, il ne le pensa plus comme prosateur ; et dans un article de journal, du 10 mars 1815, il se déchaîna vivement contre Bonaparte, et s'écria dans sa sainte colère :

« On lit, dit-on, sur ses drapeaux, cette inconce-
» vable devise : *La liberté, la victoire et la paix*. La
» liberté ! il en fut l'assassin ; la victoire ! ses fautes et
» la fureur de son ambition ont amené l'étranger dans
» la capitale même de la France ; la paix ! il n'a vécu
» que pour la guerre et par la guerre. Combien de fois
» n'a-t-il pas repoussé la paix, qui est l'objet de tous
» nos vœux ! et par quelle dérision nous parle-t-il de
» paix, au moment même où il nous menace de
» toutes les horreurs de la guerre civile, etc. etc. »

Dans le même journal, le 7 avril 1815, M. Jay

n'était plus le même que le 10 mars précédent, et on lut avec surprise ce qui suit :

« ...... Qu'on pense à ce qu'il a fallu de force
» d'âme et de décision pour sortir d'une île de la
» Méditerranée, se jeter avec douze cents hommes à
» l'une des extrémités de la France, et arriver à Paris
» avec la rapidité de l'éclair. L'histoire, plus équitable,
» dira qu'il n'y avait que lui qui, sans guerre civile,
» pût concevoir et achever cette grande entreprise. Il
» est encore le seul homme qui puisse fonder la liberté
» publique en France, etc., etc....... »

JEAN-DE-BRY, membre de la convention nationale en 1792; le 21 janvier 1795, fut un des douze élus nommés pour former le comité de sûreté générale, et un des partisans les plus déclarés de l'égalité, de la fraternité, ou de la mort, et jura une haine éternelle à quiconque relèverait le trône de France; mais comme le temps et la réflexion mettent quelquefois un terme aux opinions les plus exagérées, M. Jean-de-Bry fit comme ses autres collègues, salua Bonaparte Empereur des Français, et obtint successivement, pour l'exemple de modération dont il avait donné une preuve si éclatante, la préfecture du département du Doubs, en 1811, et ensuite celle du Bas-Rhin, le 6 avril 1815.

JORDAN (Augustin), auditeur au conseil d'état, secrétaire de légation à Wurtzbourg (voyez *Almanach impérial* de 1811), secrétaire d'ambassade à Rome (voyez *Almanach royal* de 1814). On voit que les almanachs sont d'une grande ressource pour déterminer la mobilité des opinions de la plupart des individus qui sont appelés à jouer un rôle dans la société.

I. JOURDAN, né à Limoges, le 29 avril 1762, soldat dans le régiment d'Auxerrois jusqu'en 1784, négociant jusqu'en 1791, où il fut nommé commandant du deuxième bataillon de la Haute-Vienne; général de brigade en mai 1793, général divisionnaire en juillet suivant, et ensuite général en chef dans la même année. Le 11 novembre, il protesta, à la tribune de la société des jacobins, « que le fer qu'il portait ne ser-
» virait jamais qu'à combattre les tyrans, et à défendre
» les droits du peuple. »

En mars 1797, M. Jourdan fut nommé au conseil des Cinq-Cents par le département de la Haute-Vienne, et le 24 juillet 1800, il accepta les fonctions de ministre extraordinaire en Piémont; en avril 1802, conseiller d'état; le 19 mai 1804, maréchal d'empire; et en avril 1814, commandant supérieur de la quinzième division, à Rouen, il jure obéissance et fidélité à Louis XVIII, qui le nomme chevalier de l'ordre royal et militaire de Saint-Louis; pair de France, par Napoléon, le 4 juin 1815.

II. JOURDAN (Etienne), convive des soupers de Momus, fit insérer dans la *Gazette de France*, du 20 février 1814, cinq couplets sous le titre suivant: *Demande d'admission dans la Garde nationale*, ou l'*Héroïsme de Cadet Buteux*. Le quatrième nous a paru digne d'être retenu.

Un *Héros* qui sur nous s'fie,
En quittant Paris,

Nous a dit : « Je vous confie
« Ma femme et mon fils; »
Pour nous sauver quand un homme
D'un si haut rang part,
A sa femme, au p'tit roi d' Rome
J' servirons d' rempart.

Le 29 avril 1814, M. Jourdan fit représenter à Bordeaux un vaudeville de sa composition, ayant pour titre *la Cocarde blanche*, et le dédia à S. Exc. M. le comte Etienne de Damas. Voici un fragment de cette dédicace :

« Monsieur le Comte,

» Ayant eu le bonheur d'arriver à Bordeaux le jour
» même où S. A. R. Mr. le duc d'*Angoulême* reçut la
» nouvelle de la reconnaissance de S. M. Louis XVIII,
» à Paris, je n'ai pu être témoin de la joie publique
» sans la partager vivement. J'ai tâché d'exprimer les
» divers sentimens que m'ont inspiré les grands chan-
» gemens qui viennent de s'opérer, en improvisant
» l'ouvrage que j'ai l'honneur de vous adresser, sous le
» titre de la *Cocarde blanche*, etc., etc. »

JOUY (Victor de), chef de division à la préfecture de Bruxelles, membre de la société littéraire de cette ville, connu dans Paris et les départemens par l'opéra de la *Vestale*, la tragédie de *Tippo-Saeb*, de l'*Hermite de la Chaussée d'Antin*, du *Franc parleur*, et d'articles périodiques insérés dans la *Gazette de France*, pour témoigner sa vive satisfaction du retour de l'auguste famille des Bourbons en France, composa et fit représenter, en août 1814, à l'Opéra, *Pélage*, divertissement où le couplet suivant fut vivement applaudi :

> De ce beau lys l'éclat suprême,
> Des Rois semble annoncer la fleur,
> Nous y voyons un doux emblême
> Et d'innocence et de candeur.
> De Favila touchante image,
> Il peint la grâce, la beauté ;
> Et son front courbé par l'orage,
> Se relève avec majesté.

Ce divertissement valut à M. Victor de Jouy l'assentiment du Roi à sa nomination à l'Institut, à la place du chevalier de Parny.

Le retour de l'empereur en apporta un sensible dans les sentimens et les opinions de M. de Jouy, qui consigna, dans le feuilleton de la *Gazette de France*, du 8 avril 1815, un long article politico-comique, pour prouver que l'on avait raison de se remettre sous le joug de l'*Homme du Destin*.

Aussi l'*Homme du Destin* nomma-t-il l'*Hermite de la Chaussée d'Antin* commissaire impérial près le théâtre Feydeau, en remplacement de son confrère, M. Vincent Campenon.

Nous avons oublié de dire qu'en février 1808, M. de Jouy avait reçu de l'empereur 4,000 francs de gratification pour sa *Vestale*.

JUBÉ (Auguste), tribun, créé baron de Perelle par Napoléon, disait en 1806, selon le *Moniteur* du 6 vendémiaire an 14 :

« La terre s'est tue devant Alexandre, qui voulait

» l'asservir ; devant Napoléon, la terre, les mers qu'il
» veut franchir, l'univers qu'il remplit de son nom,
» parlent hautement de la grandeur de son âme, de la
» gloire de ses armes, des merveilles de son règne, de
» la reconnaissance des peuples, comme pour servir
» de témoins authentiques à l'histoire, afin que la pos-
» térité, surprise, n'en accuse pas la véracité. »

Comme tout change ici bas, M. Jubé, usant de ce privilége, crut devoir aussi changer et offrir, en 1814, son encens à l'empereur de Russie, dans une brochure intitulée : *Hommage des Français à l'Empereur de Russie*, dans laquelle il propose, 1°. que sur la *colonne Vendôme*, la statue qui s'y trouve (celle de Napoléon), fît place à un globe d'azur chargé de trois fleurs de lys d'or, et supporté par les aigles éployées des deux empereurs et du roi de Prusse, auquel on ajouterait, en lettres d'or et en style lapidaire, une inscription de la composition de M. Jubé, que l'on peut lire dans sa brochure ; 2°. que l'*arc de triomphe* de l'Étoile fût terminée à la gloire des mêmes princes, encore avec une inscription du même monsieur Jubé, et dont on peut prendre connaissance dans la même brochure.

JUSSIEU (de), chevalier de l'empire, membre de l'Institut et de la légion-d'honneur, naturaliste estimable ; avant 1814, était conseiller titulaire de l'Université impériale ; en 1814, conseiller titulaire encore, et ensuite conseiller honoraire au conseil royal de l'instruction publique, et le 31 mars 1815, redevenu conseiller titulaire de l'Université impériale. On voit que ce savant désintéressé s'accommode assez bien de tous les gouvernemens.

K.

KELLERMANN, général sous la république, maréchal d'empire, duc de Valmy; commandeur de l'ordre de la couronne de fer; sénateur le 3 nivôse an 8; bénéficier de la sénatorerie de Colmar; grand-aigle de la légion-d'honneur le 13 pluviôse an 13; pair de France le 4 juin 1814, grand'croix de l'ordre royal et militaire de Saint-Louis, et gouverneur de la cinquième division militaire par le Roi. Si le mérite et les talens sont en raison des places, des honneurs et des dignités que l'on accumule sur sa tête, nul doute que le duc de Valmy ne soit un de nos plus grands hommes.

KELLERMANN, fils du précédent, comte d'empire, général de division, nommé par l'empereur le 5 juillet 1800; commandant la cavalerie mise sous les ordres de S. A. R. monseigneur le duc de Berry (*ordre du jour* du 15 mars 1815), grand-officier de la légion-d'honneur, nommé par l'empereur; grand-cordon de la même légion par le Roi, le 23 août 1814; chevalier de l'ordre royal et militaire de Saint-Louis; rentré de nouveau au service de l'empereur en mai 1815; pair de France le 4 juin suivant. Voilà comme un fils doit suivre les traces de son père !

KLEIN, né à Lunéville, où son père était aubergiste; employé en 1796, comme général de brigade à l'armée du Rhin, fut nommé ensuite général divisionnaire, gouverneur du palais impérial de Trianon; admis au sénat le 14 août 1807, et à la chambre des pairs du Roi, le 4 juin 1814; grand-officier de la légion-d'honneur par l'empereur; chevalier de l'ordre royal et militaire de Saint-Louis, le 27 juin 1814.

L.

LABLÉE, né à Beaugency le 26 août 1751, ancien avocat à Paris, l'un des plus fertiles écrivains de ce siècle, et dont il serait trop long de dénombrer toutes les productions en prose et en vers, en politique et en littérature. Depuis 1775 jusqu'à ce jour, M. Lablée a figuré dans tous les almanachs et dans tous les recueils. La révolution n'a pas suspendu les travaux de ce littérateur infatigable, et il a donné, en 1789, une *Adresse aux Électeurs de Paris*, des *Idées sur un plan de Constitution*; en 1793, le *Fanal Parisien*, en 2 vol., et ensuite un *Journal des Muses*, des *Troubadours*, etc., etc. Il est en outre éditeur-propriétaire d'un Journal *Hebdomadaire*, qui paraissait tous les *lundis*, qui a paru tous les *mois*, qui paraît maintenant par *trimestre*, et qui, selon nos conjectures, ne *paraîtra* peut-être plus.

En 1801, M. Lablée publia une *Romance historique de Marie-Louise*, en 25 ou 30 couplets; nous en citerons ici un seul.

> Le Héros dont toute la Terre
> Admire les faits glorieux,
> Avait déposé son tonnerre;
> Mais, las, il n'était point heureux;

Les fruits de ses vastes conquêtes
Lui semblaient encor incertains ;
Napoléon, au sein des fêtes,
S'occupait du sort des humains.

Dans un volume intitulé : *Couronne Poétique de Napoléon-le-Grand*, M. Lablée a apposé sa signature au bas de trois pièces de sa composition. En 1815, le jour de la fête des Rois, à la société lyrique des soupers de Momus, ce poète improvisa plusieurs couplets en l'honneur de S. M. Louis XVIII.

Nommé par S. M. chevalier, membre de la légion-d'honneur et chevalier du lys.

LABOUILLERIE, receveur-général de la grande armée, et des pays conquis pendant les campagnes de la guerre de Prusse ; baron de l'empire ; membre de la légion-d'honneur ; trésorier du domaine extraordinaire de la couronne ; maître des requêtes, service ordinaire, près la section des finances, nommé par l'empereur ; maître des requêtes ordinaire, nommé par le Roi le 4 juillet 1814 ; intendant du trésor de la liste-civile. Parlez-nous de M. de Laboullerie pour bien arranger ses affaires ! Qu'importe à un financier un changement de gouvernement, lorsque ce changement n'en apporte aucun dans sa fortune ?

LACÉPÈDE (Bernard-Germain-Étienne), né à Agen le 26 décembre 1756, auteur de l'*Histoire naturelle des Reptiles et des Animaux sans vertèbres* ; directeur du cabinet du Roi au Jardin Royal des curiosités naturelles et des plantes étrangères ; avant la révolution, il avait reçu de Louis XVI, le cordon de

St.-Michel; membre et président de la première assemblée législative; admis au sénat le 3 nivose an 8, grand-aigle de la légion-d'honneur; ministre d'état, bénéficier de la sénatorerie de Paris; grand-chancelier de la légion; enfin grand-maître de l'Université, etc., etc.

On n'a jamais vu plus de facilité à prêter un serment, et moins de répugnance à le violer :

    Serment à Louis XVI;
    Serment à la république;
    Serment au premier consul;
    Serment à l'empereur;
    Serment à Louis XVIII;
    Serment à Napoléon;
    Serment à.........

Le Roi l'avait nommé pair de France en 1814; nommé grand-maître de l'Université, il n'a pas accepté : rare exemple de désintéressement !

C'est M. Lacépède qui a dit, au mois de mars 1812, que la conscription n'enlevait que le *luxe de la population*, et qui, parlant des conscrits, ajoutait froidement :

« Parvenus à l'âge où l'ardeur est réunie à la force,
» ils trouveront dans l'exercice militaire, des jeux
» salutaires et des délassemens agréables. »

LACHABAUSSIÈRE (A.-E.-X. de), né à Paris en 1752, ancien garde-du-corps de Monseigneur le Comte d'Artois, est auteur d'un grand nombre d'ouvrages littéraires, moraux et politiques, du *Catéchisme ré-*

publicain, et du quatrain suivant pour le portrait de Bonaparte :

> La gloire et la vertu, d'accord pour le former,
> Le gardent pour modèle au jugement des âges ;
> Et toutes deux diront, fières de le nommer :
> *L'exemple des héros fut l'exemple des sages.*

Ce portrait ne ressemble en aucune manière à celui que traça le même écrivain, dans un discours qu'il prononça, en 1814, à la société Philotechnique, et auquel nous renvoyons les curieux.

M. le chevalier de la Chabeaussière s'occupe aujourd'hui de la rédaction d'un *Dictionnaire de la Noblesse de France*, dans lequel il n'oubliera probablement pas de se donner une place.

LACHAISE, ancien officier d'infanterie, préfet du département du Pas-de-Calais, sous le régime consulaire et impérial ; voyant que toutes les formules de la plus vile adulation avaient été épuisées pour Napoléon, tant par le sénat, le conseil d'état que par les autres fonctionnaires publics, après avoir cherché long-temps ce qu'il faudrait dire à son maître, pour lui dire tout-à-la-fois quelque chose de nouveau et d'extraordinaire, trouva à la fin sous sa plume cette phrase, qui mérite d'être gravée sur l'airain :

« Tranquille sur nos destinées, nous savons tous
» que, pour assurer le bonheur et la gloire de la
» France, pour rendre à tous les peuples la liberté
» du commerce et des mers, pour humilier les
» audacieux perturbateurs du repos des deux mondes,

» et fixer enfin la paix sur la terre, *Dieu créa Bona-*
» parte, et se reposa. » Un plaisant ajouta :

> Mais pour être plus à son aise ;
> Auparavant il fit Lachaise.

En 1814, M. Lachaise, dans ses discours et proclamations, ne parla pas moins de son zèle et de son attachement à l'auguste famille des Bourbons.

LACRETELLE (Charles), homme de lettres et se disant publiciste, a écrit un précis de la révolution française, où règne la partialité la plus scandaleuse. Bonaparte y est loué avec une impudeur révoltante. Un grand nombre de faits historiques y sont altérés ; on y préconise des personnages dont les noms rappellent les plus cruels souvenirs. Ce précis, en un mot, est un tissu de mensonges et de calomnies ourdi par un écrivain qui ne manque pas de talens, mais qui semble avoir vendu sa plume à ceux qui pouvaient la payer.

L'empereur, qui récompensait assez bien ses flatteurs, donna son agrément au choix que l'Institut avait fait de M. Lacretelle, le nomma censeur et chevalier de l'ordre de la Réunion.

M. Lacretelle, qui, de son naturel, est très-reconnaissant, écrivit, le 1er. avril 1814, contre l'empereur, un paragraphe que nous ne transcrirons point, à cause de sa longueur, paragraphe qui prouve que M. Lacretelle est sans caractère.

Ce morceau valut à l'écrivain la place de censeur royal, le 24 octobre 1814.

LAFORÊT (de), comte de l'empire, grand-officier de la légion-d'honneur par l'empereur, grand-cordon de la même légion par le Roi, le 20 août 1814; ambassadeur à Berlin; ambassadeur près S. M. Catholique; conseiller d'état nommé par l'empereur; conseiller d'état nommé par le Roi, le 11 juillet 1814.

LAMBRECHTS, Belge, docteur en droit à Louvain, était sur le point d'être nommé membre du grand conseil de Malines, lorsque les armées impériales abandonnèrent les Pays-Bas en 1794. Il se tourna alors du côté du gouvernement français, se prononça pour le système républicain, réussit à se faire nommer, en 1797, au ministère de la justice, à la place de Merlin de Douai; en juillet 1799, il devint président du département de la Dyle. Après la révolution du 18 brumaire, il fut appelé au sénat-conservateur, et nommé, en 1804, commandant de la légion-d'honneur et comte de l'empire. Le 6 avril 1814, il signa la déchéance de Napoléon. C'est lui qui fut chargé de rédiger le *considérant* de la nouvelle constitution.

LAMETH (le comte Alexandre de), chevalier de Malte et gentilhomme d'honneur du comte d'Artois, fit la guerre d'Amérique comme aide-de-camp de Rochambeau. A son retour, il fut colonel en second au régiment de la Couronne, et en 1789, député de la noblesse de Péronne aux états-généraux. En février 1791, il devint membre du département de Paris. En avril 1802, il fut nommé à la préfecture des Basses-Alpes, d'où il passa, en février 1805, à celle de Rhin-et-Moselle, et ensuite à celle de la Roër; baron de l'empire, maître des requêtes et officier de la légion-d'honneur sous l'empereur ; préfet d'Amiens et chevalier de Saint-Louis sous le Roi; toujours préfet d'Amiens sous l'empereur, qui le nomma pair le 6 juin 1815.

LANGEAC (de), né en 1750, conseiller ordinaire de l'Université impériale, conseiller ordinaire de l'Université royale, et membre de la légion-d'honneur; dans un *Essai d'instruction morale*, qu'on lui attribue généralement, il s'exprime ainsi :

« Les fastes de l'histoire ne nous offrent que cin-
» quante-trois batailles vraiment décisives, ou du
» moins très-mémorables, dans l'espace de près de
» 2,500 ans : c'est environ deux grandes batailles par
» siècle, remportées par trente-quatre souverains ou
» grands capitaines. Napoléon seul, en suivant ce
» calcul, nous montre par neuf victoires décisives, les
» plus glorieux exploits d'environ cinq siècles, renou-
» velés sous nos yeux, et réunis dans le faible espace
» de quatorze ans. Quatre batailles ont fait la renom-
» mée d'Alexandre ; la gloire d'Annibal est établie sur
» le même nombre ; César n'en compte que trois, et
» déjà, sans prévoir l'avenir, neuf triomphes d'une
» importance et d'un effet incalculable, attestent la
» prééminence du héros de notre âge, et livrent le
» monde à la puissance de son génie. »

LANJUINAIS (Jean-Denis), avocat et professeur en droit canon, député du tiers-état de Rennes aux états-généraux, fut un des premiers fondateurs du *Club breton*, qui devint par la suite le *Club des Jacobins*. Après la session, il devint membre de la haute-cour nationale, et fut nommé, en septembre 1792, par le département d'Ille-et-Vilaine, à la convention, où il montra d'abord des sentimens un peu exaltés; mais il devint ensuite plus modéré à mesure que la révolution prit un caractère plus funeste, et il combattit avec force les terroristes. Mis hors la loi par la convention, le 28 juillet, il sollicita, en novembre 1794, sa réinstallation dans le corps législatif, et fut rappelé le 8 mars 1795. Membre du conseil des anciens, il en sortit en mai 1797. Après le 18 brumaire, il fut nommé membre du corps législatif, et le 22 mars 1800, il entra au sénat-conservateur; fut nommé comte d'empire; commandant de la légion-d'honneur par l'empereur; pair de France, nommé par le Roi, le 4 juin 1814; nommé président de la chambre des représentans le 4 juin 1815, enfin nommé par le Roi, le 26 juillet suivant, président du collége électoral de l'Ille-et-Vilaine.

LA PLACE (Pierre-Simon), né en 1749; sénateur le 3 nivôse an 8; comte d'empire; membre de l'Institut; grand'croix de l'ordre de la Réunion et chancelier du sénat, dédia à l'empereur son *Système du Monde* (Paris, Courcier, libraire); après l'avoir retouché, il le dédia de nouveau au Roi.

Les personnes qui veulent connaître le respect, l'admiration et l'amour de M. de La Place pour Napoléon, peuvent lire le *Moniteur*. Ils verront avec étonnement qu'on ne peut guère pousser plus loin la flatterie. Ces témoignages éclatans du plus parfait dévouement à l'empereur, n'empêchèrent pas ce savant de venir siéger dans la chambre des pairs, où il avait été nommé par le Roi, le 4 juin 1814.

LATOUR-D'AUVERGNE-LAURAGAIS (Hugues-Robert-Jean-Charles), né à Auziville (Haute-Garonne) le 14 août 1768, fut sacré évêque d'Arras, le 16 mai 1802, par suite du concordat de la même année; baron de l'empire et membre de la légion-d'honneur; en 1804 et 1805, il composa divers mandemens sur les événemens politiques et militaires de la France. Dans le *Moniteur* du 11 avril 1814, on trouvera la profession de foi de Monseigneur.

LATOUR-MAUBOURG (Victor, comte de Fay), colonel du régiment de Soissonnais, député de la noblesse du Puy-en-Velay aux états-généraux, accompagna M. Lafayette comme maréchal-de-camp à l'armée du Centre, s'enfuit avec lui et fut prisonnier à Olmutz. Relâché en septembre 1797, il fut rappelé par Bonaparte en 1800, admis au sénat le 28 mars 1806; de la chambre des pairs du Roi, le 4 juin 1814; commandant de la légion-d'honneur, nommé par l'empereur; chevalier de Saint-Louis, le 1er. juin 1814; grand-cordon de la légion-d'honneur, par le Roi, le 23 août 1814; nommé pair par l'empereur, le 4 juin 1815.

LAUMOND (Jean-Charles-Joseph), né le 29 juillet 1754, secrétaire de l'intendance de Flandre, secrétaire du duc d'Aiguillon, ministre des affaires étrangères, etc., etc.; administrateur général des domaines nationaux; membre de l'administration des revenus nationaux; chargé des contributions; et comme depuis la révolution il passe pour constant qu'un homme quelconque est bon à tout, M. Laumond fut envoyé en qualité de consul général de France à Smyrne; devint ensuite commissaire du gouvernement près les armées d'Italie; administrateur des monnaies; successivement préfet des départemens du Bas-Rhin, de Seine-et-Oise et de la Roër; conseiller d'état; commandant de la légion-d'honneur; directeur général des mines, etc. de l'empire français; comte de l'empire; conseiller au conseil du Roi, le 4 juillet 1814; directeur général des mines du royaume; a conservé les mêmes fonctions sous Napoléon, en 1815. Nous ignorons aujourd'hui ce qu'il reste à M. Laumond de tant de places.

LAURENT (J.-A.), peintre, auteur d'un tableau représentant l'*Empereur paraissant à un balcon*, exposé au *Musée Napoléon*, le 1er. novembre 1812, sous le n°. 531 de la notice, et d'un *tableau allégorique des événemens qui nous ont rendu la paix et l'espoir du bonheur*, exposé au *Musée royal des arts*, le 1er. novembre 1814, sous le n°. 579.

LAURISTON (Alexandre Law de), de la famille du fameux financier Law, était fils d'un ancien maréchal-de-camp au service de France; général de division au service de la république française, et l'un des aides-de-camp de l'empereur. Bonaparte l'employa dans plusieurs missions importantes; comte de l'empire, grand-officier de la légion-d'honneur, nommé par l'empereur; grand-cordon de la même légion par le Roi, le 29 juillet 1814; capitaine-lieutenant de la première compagnie des mousquetaires de la garde du Roi, en février

1815; président du collège électoral de l'Aisne, le 26 juillet de la même année.

LAYA, professeur de belles-lettres au Lycée Charlemagne, l'un des rédacteurs du *Moniteur*, auteur de l'*Ami des Lois*, donné en 1793, et qui respire le républicanisme le plus exalté. Cette pièce fit beaucoup de bruit dans le temps, et ne méritait pas sans doute cet honneur.

M. Laya, quoique philosophe et littérateur, n'en a pas moins tourné au vent de la faveur, et dans un discours d'ouverture qu'il prononça à la distribution des prix du concours général des lycées, le 7 août 1806, il fit un éloge pompeux de S. M. l'empereur et roi. La phrase suivante excita une surprise générale :

« Ce héros est un homme à part des autres hommes, » il possède une tête inébranlable et d'airain, etc. »

En 1814, M. Laya lut, dans plusieurs sociétés, son drame de l'*Ami des Lois*, entièrement refondu dans l'esprit du *royalisme*. Voilà les prérogatives du génie de changer d'un instant à l'autre, et de pouvoir démontrer comme blanc ce qui est noir. C'est avec cette pièce que M. Laya s'est élevé un monument sur lequel le temps ne peut avoir aucune prise, et qu'il peut s'écrier avec Horace :

Exegi monumentum ære perennius.

LE BAILLY, littérateur et poète, fait le même métier que Lafontaine; il compose des fables, dont nous avons déjà deux ou trois volumes, sans préjudicier à celles qu'il nous prépare encore; M. Le Bailly est un fabuliste infatigable; une fable ne lui coûte presque rien; aussi ne nous en laisse-t-il pas chômer.

En 1784, il adressa à S. A. S. Monseigneur le duc d'Orléans, le lendemain de la naissance du prince de Nemours, une fable allégorique intitulée : *le Nid d'Alcyons*, qui ne ressemble en rien *à l'Oracle du Destin*, allégorie à l'occasion de la naissance de S. M. le roi de Rome. Sous quelque gouvernement que ce soit, M. Le Bailly est content, pourvu qu'on lui laisse faire des allégories et des fables.

LE BRUN (Charles-François), à l'aide d'un génie souple et liant qu'il avait emprunté aux jésuites, dont il était de la société, il devint secrétaire du chancelier Maupeou; la révolution lui ouvrit ensuite une carrière qu'il a parcourue à pas de géant, en accumulant sur sa tête honneurs, dignités et richesses. On le vit successivement membre de l'assemblée constituante et du conseil des anciens; troisième consul en l'an 8; duc de Plaisance, prince, archi-trésorier de l'empire; grand-aigle de la légion-d'honneur; gouverneur général des départemens de la Hollande; pair de France, nommé par le Roi, le 4 juin 1814; pair de France, nommé par l'empereur, le 4 juin 1815, etc., etc.

Membre de l'Institut, il a donné une bonne traduction de la *Jérusalem délivrée*, qu'on n'oubliera pas aussi facilement que ses titres.

LE BRUN-TOSSA (Jean-Antoine), né en 1760 dans le Dauphiné, aujourd'hui département de l'Isère, poète, romancier et auteur dramatique, fit jouer, en 1794, *Arabelle et Vascos*, ou les *Crimes de la Féoda-*

lité, et le *Mont Alphea*, à l'époque où les jours s'appelaient *primidi*, *duodi*, etc.

Comme poète, indépendamment d'une multitude de vers sur tous les sujets, on lui doit une pièce intitulée : *la France à Napoléon*, dont nous citerons le commencement :

> Dans ce jour solennel où la reconnaissance,
> Du titre d'empereur saluait ta vaillance ;
> Au choix de tout un peuple, heureuse j'applaudis;
> Et ma main couronna le plus grand de mes fils.
> Du myrthe virginal que l'hymen t'abandonne,
> Celle qui maintenant embellit ta couronne,
> Celle qui réunit, garant de ton bonheur,
> Aux charmes de l'esprit le pouvoir d'un bon cœur,
> Et la grâce aux attraits dont sa jeunesse brille,
> Avec quel noble orgueil je la nomme ma fille !
> Rassurant l'avenir, par c s augustes nœuds,
> Je confie à l'amour le plus cher de mes vœux ;
> Et le Ciel et l'amour entendront ma prière :
> Idole des Français, Louise, épouse et mère,
> En des princes, un jour, de ta gloire rivaux,
> Reproduira les traits et l'ame du héros. etc , etc.

Dans une *Invocation à l'Empereur Alexandre*, le poète crut devoir monter sa lyre sur un autre ton, et chanter la palinodie. Nous ne rapportons de cette pièce que le fragment suivant, relatif à la conscription :

> Périsse, il en est temps, cette loi dont la France
> Fit jadis un rampart à son indépendance,
> Et dont un vil sénat ose faire aujourd'hui
> D'un trône détesté le complice et l'appui;
> Cette loi qui transforme un peuple entier de braves
> En peuple de brigands, d'assassins et d'esclaves :

Celte effroyable loi, qui, près de leur berceau,
De tant d'infortunés a placé le tombeau.
Hélas! il ne sont plus, et le tyran respire!
Des voiles de la mort il couvre cet empire;
A sa voix parricide, au cri de son orgueil,
Les générations descendent au cercueil,
Telles qu'un vil bétail, innocente hécatombe,
Qui, sous le fer sanglant, mugit, expire et tombe.
Les lambeaux dispersés de ce peuple-géant,
Son bras les précipite au gouffre du néant, etc.

Au mois de juin 1815, M. Le Brun-Tossa fit hommage à la chambre des représentans, d'une brochure intitulée : *la Patrie avant tout* ; à la lecture de laquelle nous renvoyons ceux qui veulent avoir une idée juste du caractère et des sentimens de l'auteur.

LECOURBE, né à Lons-le-Saulnier, en 1760, d'un ancien officier d'infanterie, servit huit ans dans le régiment d'Aquitaine. Ayant embrassé la cause de la révolution, de grade en grade il monta à celui de général de brigade sous la république, de général de division en 1799, devint comte de l'empire, grand-officier de la légion-d'honneur par l'empereur, et décoré de l'ordre royal et militaire de Saint-Louis, et du grand-cordon de la même légion par le Roi, le 23 août 1814; nommé ensuite par Napoléon membre de la chambre des pairs, le 4 juin 1815.

LECOUTEULX DE CANTELEU, comte de Fresnelles, banquier à Paris, député aux états-généraux, s'occupa particulièrement des finances. En septembre 1795, il fut nommé par le département de la Seine au conseil des anciens; en décembre 1799, membre du sénat-conservateur, et en février 1800, l'un des régens de la banque de France. Il obtint en 1804 la sénatorie de Lyon, et le titre de commandant de la légion-d'honneur; commissaire extraordinaire de l'empereur, envoyé dans la vingt-deuxième division, à Tours, en décembre 1813; pair de France, nommé par le Roi, le 4 juin 1815.

I. LEFEBVRE (François-Joseph), fils d'un meûnier de Ruffach en Alsace, où il naquit le 25 octobre 1755, entra fort jeûne dans le régiment des Gardes-Françaises, dont il devint sergent. Il obtint un avancement rapide dans la révolution, et fut fait général divisionnaire. Nommé commandant de Paris, il céda cette place au général Bonaparte, et contribua puissamment à la révolution du 18 brumaire. En 1800, élu membre du sénat-conservateur; en 1804, il fut élevé à la dignité de maréchal d'empire, nommé chef de la cinquième cohorte, grand-officier de la légion-d'honneur en septembre de la même année, et décoré du cordon rouge le 1er. février 1805; duc de Dantzick; au mois de juillet, créé chevalier de l'ordre de Charles III, par le roi d'Espagne.

Le duc de Dantzick, pour ne pas contrarier les événemens, fit parvenir, au commencement d'avril 1814, son adhésion au gouvernement provisoire, et signa l'acte constitutionnel.

Chevalier de l'ordre royal et militaire de Saint-Louis, le 1er. juin 1814;

Pair de France, nommé par le Roi, le 4 juin 1814;

Et pair de France, nommé par l'empereur, le 4 juin 1815.

II. LEFEBVRE-DESNOUETTES, général de division, le 28 août 1808; commandant de la légion-d'honneur, grand'croix de l'ordre impérial de la Réunion.

Le 10 avril 1814, ce général donna pour lui et sa troupe son adhésion au gouvernement provisoire, protesta *de son dévouement pour la dynastie des Bourbons*, et fut créé chevalier de l'ordre royal et militaire de Saint-Louis, le 19 juillet suivant.

Au mois de mars 1815, M. Lefebvre-Desnouettes fut un de ceux qui secondèrent la rentrée en France de Napoléon, qui le nomma pair le 4 juin de la même année.

III. LEFEBVRE-GINEAU (Louis), né en 1754, professeur au collège de France, fut successivement électeur de 1789, et officier municipal de la commune de Paris. Lors de la formation de l'Institut national, il en devint membre pour la classe de physique générale; fut nommé légionnaire le 25 novembre 1803, et inspecteur général des études en 1804.

Sous le règne du Roi, M. Lefebvre-Gineau conserva ses places sous des dénominations différentes, et parvint encore à y rester après la rentrée de Bonaparte en France, en 1815.

LEGENDRE (Adrien-Marie), avant 1814, membre de la légion-d'honneur; membre de l'Institut; conseiller titulaire de l'Université impériale. Depuis, membre de l'Académie royale des Sciences; conseiller honoraire du Conseil royal de l'Instruction publique, 17 février

1815; et le 31 mars de la même année, redevenu conseiller titulaire de l'Université impériale.

LEJEAS, oncle du duc de Bassano (Maret), sénateur le 19 août 1807, comte de l'empire, officier de la légion-d'honneur par l'empereur, n'en appella pas moins la famille des Bourbons au trône de France. L'empereur revient, et nomme pair M. Lejeas, le 4 juin 1815.

LE MERCIER (Louis-Népomucène), poète, prosateur, et membre de l'Institut, a prouvé que son génie et ses talens savaient se plier à toutes les circonstances; nous en avons pour garant une ode composée par ce poète, à l'occasion du mariage de S. M. l'empereur et roi, dont voici une des principales strophes :

> Cesse enfin, muse de l'Histoire,
> De noircir tes tableaux de lugubres couleurs;
> Quand de l'humanité, si chère à ta mémoire,
> Un Dieu répare les malheurs.

Mais en juin 1814, M. Le Mercier avait tout-à-fait changé d'opinion, et dans une *épître adressée à Bonaparte*, sur le bruit répandu qu'il projetait d'écrire des commentaires historiques, il lui dit quelques vérités dures. M. Le Mercier,

« Comment en un plomb vil l'or pur s'est-il changé? »

LE MONTEY, ancien militaire, député à l'assemblée législative, sortit tout-à-coup de son obscurité par une brochure faite à l'occasion du couronnement de Bonaparte, comme empereur, intitulée : *la Famille de Jura*, dans laquelle l'auteur, prodigue d'encens, ne le ménagea pas à celui qui voulait absolument être couronné. La vapeur en monta au cerveau de l'idole, et M. Le Montey fut nommé censeur des pièces de théâtres, sous le titre de censeur impérial. Le 24 octobre 1814, M. Le Montey redevint censeur royal dans la même partie. Ce n'est pas tout : comme ce littérateur est très-accommodant, il souffrit que Napoléon, à son retour de l'île d'Elbe le nommât chef de division pour la librairie, au ministère de la police.

LENOIR DE LA ROCHE, avocat, député de Paris aux états-généraux, devint professeur de législation à l'école centrale du Panthéon, occupa pendant quinze jours, en 1797, le ministère de la police, qu'il céda à Sottin, et fut nommé, en 1798, au conseil des Anciens. Après la révolution du 18 brumaire, il fut admis au sénat le 3 nivôse an 8, et nommé pair de France par le Roi en 1814.

LE PREVOST D'IRAY, inspecteur général de l'Université impériale, et auteur d'une tragédie intitulée : *Manlius Torquatus*, donnée en 1798, adressa en 1814, à S. A. R. Monsieur, frère du Roi, sur sa convalescence, une petite pièce de vers qui finit ainsi :

> Lorsque dans nos heureux climats,
> La paix ramène l'espérance,
> Que nos travaux et nos débats
> Trouvent enfin un terme en France,
> Et permettez en récompense
> Que notre amour seul n'en ait pas.

Pour récompenser M. Le Prevost d'Iray de sa pièce

fugitive, il fut nommé inspecteur général de l'Université royale.

LESPINASSE (Louis-Nicolas), né en 1755, a vu les honneurs, les dignités et les richesses pleuvoir sur sa tête. Parvenu au grade de général de division, il devint successivement sénateur (le 4 nivôse an 8); grand-officier de la légion-d'honneur; comte d'empire; bénéficier de la sénatorerie de Dijon, sous l'empereur; et pair de France sous le Roi (4 juin 1814). On ne peut faire plus de chemin en si peu de temps. A tant d'avantages, M. Lespinasse réunit les talens du poète, comme on peut en juger par les deux strophes suivantes de son *Ode sur la Liberté des mers* :

> Ah! plutôt louons la constance
> Du héros qui, par ses vertus,
> Chaque jour rattache à la France
> Des rois par ses bienfaits vaincus;
> Qui sait à ses desseins suprêmes,
> Amener ses ennemis mêmes
> Que servaient leurs projets cruels;
> Qui rougirait de la victoire,
> Si le char où l'attend la gloire
> Etait teint du sang des mortels.
>
> Il veut, et c'est la noble envie
> De tous les héros bienfaisans,
> Triompher de la tyrannie
> En changeant les cœurs des tyrans;
> Le bras levé sur l'Angleterre,
> Aux yeux des peuples qu'il éclaire
> Sur la justice de leurs droits,
> C'est par des frayeurs salutaires,
> Qu'il veut d'un peuple de corsaires
> Faire un peuple soumis aux lois

LOCRÉ, ancien procureur au Châtelet de Paris; secrétaire général du comité de législation, sous la Convention; baron de l'empire, chevalier de la légion-d'honneur; secrétaire général du conseil d'état sous S. M. l'empereur et roi, est encore secrétaire du conseil du Roi. M. Locré, dans tous les temps, sous tous les gouvernemens passés, présens et à venir, a été et sera toujours secrétaire. C'est le pommier qui porte des pommes.

LOISEROLLES (F.), ancien chevau-léger de la garde du Roi, professeur de langues et de littérature, est auteur d'un petit poëme sur la naissance du roi de Rome, qui obtint le quatorzième prix au concours ouvert par MM. Lucet et Eckard. (Voy. *Hommages poétiques*, tome II, page 165.)

On a encore de M. Loiserolles un poëme intitulé: *de saint Louis II et son Martyre*, publié sous le règne de Louis XVIII. Aux pages 88 et suivantes de ce poëme, on lit les réflexions suivantes:

« L'espoir d'arracher ma famille à l'honorable, à la
» trop cruelle infortune dans laquelle l'a plongée de-
» puis vingt ans la mort sublime de mon père, peut
» légitimer, aux yeux des gens de bien, l'hommage
» que m'a, pour ainsi dire, extorqué un gouverne-
» ment sanguinaire que j'exécrais...... Au moment où
» il versait à pleines mains des trésors sur les gens de
» lettres attachés au char de sa fortune, il n'a jamais
» répandu sur moi *la moindre faveur*...... J'ai offert,
» avec tous les vrais Français, quelques grains d'en-

» ceus à *Moloch*, parce que Moloch pouvait nous ex-
» terminer, et que ses prêtres nous forçaient de brûler
» ce grain d'encens, etc., etc. »

LOUIS (l'abbé), conseiller au parlement de Paris; baron de l'empire; membre de la légion-d'honneur; administrateur du trésor public; président du comité de liquidation à Amsterdam; maître des requêtes sous l'empereur; commissaire aux finances et au trésor public réunis, nommé par le gouvernement provisoire, en avril 1814; ministre et secrétaire d'état des finances sous le Roi, le 13 mai 1814.

LOYSON (C.), attaché aux écoles normales de l'Université, a consigné en 1811, dans *les Hommages poétiques*, tome I, page 35 et suivantes, une ode sur la naissance du roi de Rome, dont voici une strophe pour les amateurs du genre pindarique :

> Où court ce peuple immense ?
> Quels cris joyeux, quels doux transports
> De la Seine charment les bords,
> Et retentissent dans la France ?
> Vous dont les chants harmonieux
> Ont célébré l'hymen et les pompes brillantes,
> O muses ! reprenez vos lyres triomphantes !
> Il naît le rejeton des Dieux.

M. Loyson, qui s'est toujours livré avec succès au genre lyrique, pour lequel il semble né, a fait imprimer, en 1814, une ode sur *la Chute du Tyran et le rétablissement de nos Rois légitimes*, qui est devenue très-rare.

M.

MACDONALD (Etienne-Jacques-Joseph-Alexandre), écossais, né le 7 novembre 1765; après avoir été employé, en 1784, comme lieutenant dans la légion de Maillebois, que l'on destinait à servir en Hollande le parti anti-stathoudérien, entra, en 1787, comme cadet, dans le quatre-vingt septième régiment d'infanterie; fut nommé général de brigade en 1793, et général de division en 1795. Depuis le 14 août 1809, l'empereur le fit grand-officier de l'empire, maréchal duc de Tarente, grand-aigle de la légion-d'honneur; nommé par le Roi chevalier de l'ordre royal et militaire de Saint-Louis, le 1er. juin 1814, et pair de France le 4 du même mois.

Commandant en chef de l'armée réunie pour la défense de Paris, sous les ordres de S. A. R. Monseigneur le duc de Berry, le 17 mars 1815, il fait rentrer dans Paris, le 20 du même mois, les troupes qu'il avait dirigées sur Melun contre l'empereur.

MAISON, général de division, nommé par l'empereur le 21 août 1812; grand-officier de la légion-d'honneur; comte de l'empire; créé pair de France le 4 juin 1814, et grand-cordon de la légion-d'honneur le 22 juillet suivant, par le Roi; gouverneur de Paris, à la place du général Hullin, qui se repose aujourd'hui sous ses lauriers.

MALINGRE (Pierre-François), employé à la bibliothèque du Roi, s'amuse, dans ses loisirs, à faire des vers ou français ou latins. Tous les genres de poésie lui sont familiers, et il joue indifféremment de la lyre ou de la musette. En 1794, M. Malingre, passionné pour la liberté, composa un hymne en l'honneur de ses premiers martyrs, *Barra* et *Viala*, et s'écriait dans un saint enthousiasme :

> O *Barra!* bon fils et bon frère,
> Tous les Français sont tes parens;
> Tous, pour te venger des brigands,
> Ont adopté ta pauvre mère.
> Le coup mortel que t'a porté
> Un bras féroce et fanatique,
> Au cri : vive la République!
> T'a donné l'immortalité.
> Heureux qui meurt pour sa patrie!
> Jamais son pays ne l'oublie.
>
> Et toi, héros de la Durance,
> Nouvel *Horatius Coclès*,
> De ton courage le succès,
> O Viala, sauve la France!
> Si, moins heureux que le Romain,
> Tu tombas sous le plomb impie,
> Ah! ne regrette pas la vie,
> Nous envions tous ton destin.
> Heureux qui meurt pour sa patrie!
> Jamais son pays ne l'oublie.

En 1802, M. Malingre monta sa lyre sur le ton pindarique, pour chanter le consul Bonaparte, et dans une ode de douze pages, éleva son héros au ciel.

La naissance du roi de Rome fournit une nouvelle matière à la verve du poète de s'exercer, et un poëme à la gloire du nouveau né, intitulé : *la Naissance de Titus*, vint attester que M. Malingre, après avoir chanté la république et le consulat, s'était aussi déterminé à chanter l'empereur.

Digne émule de M. *Marron* dans la poésie latine, M. Malingre a fait un grand nombre de quatrains en l'honneur de Napoléon, dont il a enrichi de temps à autre le *Journal de Paris*, quatrains qui sont des modèles en ce genre.

MALLARMÉ (Claude-Joseph), substitut du procureur général du parlement de Nancy, né dans cette ville, fut nommé en septembre 1795, par le département de la Meurthe, au conseil des Cinq-Cents, y fut réélu en mars 1799, et passa en décembre au tribunat; membre de la légion-d'honneur, nommé préfet du département de la Vienne par l'empereur, conservé préfet par le Roi dans le même département; enfin nommé par l'empereur préfet du département de l'Indre, le 6 avril 1815.

MALLEVILLE, chevalier de l'empire, auditeur de première classe en 1811, maître des requêtes ordinaires au conseil du Roi, 4 juillet 1814; député de la Dordogne à la chambre des représentans de Napoléon, en mai 1815. Lors de la première abdication de l'empereur, M. Malleville fut le premier à écrire contre lui, comme il fut le premier à le féliciter sur son retour. Nous renverrons aux séances des 17 et 27 juin de la chambre des représentans, pour se former une idée de la mobilité de caractère et d'opinions du conseiller Malleville.

MALOUET, fils de Jean-Victor Malouet, intendant de la marine à Toulon, fut, en 1807, secrétaire général de la préfecture de la Creuse; sous-préfet de l'arrondissement de Villeneuve-d'Agen, département de Lot-et-Garonne, en 1808; enfin préfet du département de l'Aisne, où il fut conservé par le Roi, avec le titre de maître des requêtes, le 4 août 1814, et d'officier de la légion-d'honneur, le 18 août du même mois.

MALTE-BRUN, danois, est venu un beau matin à Paris pour apprendre la géographie aux Français. Compilateur infatigable, il entasse volumes sur volumes, dont il a le talent de tirer de fortes rétributions. Attaché pendant quelques années au *Journal de l'Empire*, il a voulu régenter les savans, les littérateurs et les artistes. Peu stable dans ses opinions, il écrivait dans ce journal, en 1807 :

« Aujourd'hui cette ville (Aquilée), chérie d'un
» Auguste, d'un Vespasien, d'un Tacite, d'un Justi-
» nien, passe sous la domination de Napoléon. Elle
» peut donc se flatter de voir un héros-législateur ef-
» facer les traces horribles qu'y avaient laissées, pen-
» dant tant de siècles, le passage d'un conquérant
» barbare. »

Le 20 décembre suivant, sa plume traçait, dans la même feuille, les lignes suivantes :

« Après de longues tourmentes, un héros, choisi par
» la Providence, paraît sur la scène du monde; l'Eu-
» rope reconnaît en lui un autre Charlemagne; la
» France relève pour lui le trône impérial d'occident;
» la couronne chimérique que l'on adorait à Ratis-

» bonne, pâlit devant l'éclat d'une couronne réelle.
» Les princes de la Germanie donnent le titre de pro-
» tecteur à celui seul qui en remplit les nobles fonc-
» tions ; obéissant à une force d'attraction naturelle et
» irrésistible, se dégageant de ce chaos politique au
» sein duquel ils flottaient, les superbes débris de
» l'empire de Charlemagne viennent d'eux-mêmes se
» ranger autour de leur ancien et véritable centre de
» l'unité. »

On pourrait citer aisément d'autres morceaux extraits du même journal, où M. Malte-Brun manifeste la même opinion. Une églogue intitulée : *les Fêtes du Caucase*, à l'occasion de la naissance du roi de Rome, prouve que ce littérateur employait aussi le langage de la poésie pour publier ses sentimens sur le héros qui était devenu son idole ; mais tout change ici bas, et même M. Malte-Brun. Le même homme qui avait prodigué son encens à l'empereur, le lui retire dans le *Spectateur*, auquel nous renvoyons nos lecteurs.

Alliance de la Monarchie et de la Liberté sous le sceptre des Bourbons (1); avec cette épigraphe :

Libertas quæ sera tamen respexit inertem.

Tel est le titre d'une petite brochure que M. Malte-Brun mit au jour, pour démontrer aux plus incrédules qu'en fait d'opinions, un écrivain quelconque peut varier à l'infini, sans pour cela être taxé d'inconséquence.

---

(1) Feuille périodique rédigée par ce Danois.

Après avoir été successivement partisan de l'empereur et du Roi, le même homme donne tout-à-coup dans le républicanisme, comme on en peut juger par ces phrases :

« Nous avons vu, depuis quelques mois, certaines
» personnes soutenir que la France était le patrimoine
» d'une famille. Cette doctrine féodale ne peut soute-
» nir un examen historique. Les Francs, fondateurs
» de la monarchie, tiraient leur nom distinctif de leur
» attachement à la liberté, et ils exerçaient leur sou-
» veraineté nationale dans ces fameuses assemblées
» connues sous le nom de *Champ-de-Mai* ou de
» *Mars*. »

Voilà M. Malte-Brun apprécié et jugé par ses écrits, à moins qu'il n'écrive autrement qu'il ne pense. *Adhuc sub judice lis est.*

MARCHANT, ci-devant intendant général de la grande armée, ensuite commissaire-ordonnateur sous S. A. R Monseigneur le comte d'Artois, qu'il accompagna à Lyon dans le mois de mars 1815; puis secrétaire général du ministère de la guerre ; à la rentrée de Napoléon en France, occupa cette place jusqu'au moment du retour de Louis XVIII, qui, en lui substituant un autre personnage, l'adjoignit au secrétariat de ce même ministère, comme étant parfaitement au courant de ce travail.

MARESCOT (Arm. Sam.), né à Dijon ; membre de 'Institut, du corps du génie, fut, au commencement de la révolution, l'un des rédacteurs du *Moniteur*, et général de division, nommé par la république, le 8 novembre 1794. A la fin de 1799, il devint premier inspecteur général du génie : Bonaparte le nomma, en mars 1800, commandant du génie à l'armée de réserve; en 1804, grand-officier de la légion-d'honneur, et le décora du cordon rouge, le 1er. février 1805.

Comte d'empire par l'empereur, commandeur de l'ordre royal et militaire de Saint-Louis, par le Roi.

MARMONT, général d'artillerie, servit long-temps comme aide-de-camp de Bonaparte, qui le nomma successivement grand-officier de l'empire, maréchal, duc de Raguse, grand-aigle de la légion-d'honneur, le 13 pluviôse an 13, commandant le sixième corps d'armée pour l'empereur, au siége de Paris; chevalier de l'ordre royal et militaire de Saint-Louis le 1er. juin 1814; capitaine de la sixième compagnie des gardes-du-corps du Roi; pair de France, nommé par le Roi, le 4 juin 1814.

MARRON (Paul-Henri), président du consistoire de l'église réformée de Paris, est un de ces personnages assez communs qui, tout en travaillant à leurs propres intérêts, cherchent à faire quelque bruit dans le monde. A chaque événement, ce président tire de son porte-feuille un petit discours analogue aux circonstances. Le *Moniteur* du 24 janvier 1809, rapporte ce que M. Marron, au nom de son consistoire, dit à cette époque à l'empereur :

« SIRE,

» Le consistoire de l'église réformée consistoriale du
» département de la Seine, s'empresse de félicite
» V. M. I. et R. des nouveaux dangers qu'elle a sur-

» montés, des nouveaux lauriers qu'elle a cueillis, des
» nouveaux pas qu'elle a faits vers l'honorable con-
» quête de la paix. Sire, le consistoire bénit la Provi-
» dence divine, guide et préservatrice constante de
» V. M., et implore sur elle ses bénédictions non in-
» terrompues.

» Agréez, Sire, le respectueux hommage du consis-
» toire, et daignez lui accorder la continuation de
» votre bienveillance tutélaire, de votre auguste pro-
» tection. »

Lors de l'arrivée du comte d'Artois à Paris, en 1814, M. Marron, qui possède une flexibilité d'opinion admirable, lui débita, et par conséquent au Roi, le petit discours suivant :

« Au retour des Bourbons, nos cœurs, comprimés
» trop long-temps, comme ceux de tous les Français,
» s'épanouissent *derechef* à la joie et à l'espérance;
» nous osons les mettre à découvert au pied du trône :
» que V. A. R. daigne agréer les sentimens dévoués
» du consistoire de notre église, qu'elle daigne en être
» l'interprète auprès de S. M. Louis XVIII, son au-
» guste frère ! Invariables dans les principes de notre
» culte, les mêmes que ceux de l'Évangile, nous riva-
» liserons d'obéissance et de fidélité. Nos efforts pour
» concourir au bien public, selon la *portée* de nos
» moyens, seront aussi soutenus que notre hommage
» est pur, que nos vœux sont sincères. Qu'il bénisse le
» Roi, qu'il bénisse le lieutenant du Roi, qu'il bénisse
» toute la famille royale, celui par qui les rois règnent !
» Sous quels auspices nos intérêts seraient-ils mieux

» garantis, nos droits plus assurés, que sous ceux des
» dignes fils de Henri IV ? »

M. Marron se mêle aussi de faire des vers latins ; les journaux étaient chargés, à la moindre action de Bonaparte, de faire connaître aux départemens que le président du consistoire savait aussi bien louer en latin qu'en français.

Ce débordement de vers latins valut à l'auteur l'épigramme suivante :

> Pour célébrer le grand Napoléon ;
> Tous les matins, le prédicant Marron
> Met côte à côte et Spondée et Dactyle ;
> Mais, par Calvin, Marron n'est pas Virgile,
>   Ce n'est qu'un Virgile-Marron.

MARTAINVILLE (Alphonse), un des collaborateurs du *Journal de Paris*, par l'entremise ou la protection de M. Etienne, est tout-à-la-fois poète, auteur dramatique, écrivain politique, jurisconsulte, et surtout grand criminaliste, comme on peut s'en convaincre en lisant les articles de ce journal, où il rend un compte exact de tous les procès portés à la cour d'assises. M. Martainville est un personnage avide de renommée, et qui a figuré dans les derniers événemens comme écrivain, et comme commandant la garde nationale du Pecq, près Saint-Germain. Mais peu stable dans ses opinions, M. Martainville avait précédemment sacrifié à *Moloch*, et s'était escrimé dans les *Hommages poétiques* sur la *naissance du roi de Rome*, dans une chanson dont on se plaisait à répéter le couplet suivant :

Quand dans les sentiers de la gloire
Il viendra guider nos soldats,
Sur le chemin de la victoire,
De son père il suivra les pas.
Quel brillant courage il déploie!
Il sourit au bruit du canon,
  Pon, pon, pon, pon, pon, pon,
   Patapon.
Nos vieux soldats pleurant de joie,
Diront : Du Grand Napoléon
  C'est le garçon.

Dans le *Journal de Paris*, du 2 février 1814, M. Martainville s'exprimait ainsi, en rendant compte de l'*Oriflamme*; divertissement :

« Déjà l'oriflamme brille. Que dis-je ! chaque régi-
» ment a la sienne : ce sont ces aigles tant de fois vic-
» torieuses, et que l'ennemi ne voit jamais sans ef-
» froi.....

» Aujourd'hui la véritable oriflamme des Français est
» *l'épée de leur monarque*. Elle ne brillera pas envain.

» Les transports qui se communiquaient du théâtre
» à la salle, et de la salle au théâtre, ont fait de cette
» représentation une petite fête nationale, à laquelle
» une seule circonstance pouvait ajouter un nouvel
» éclat. Mais.... une loge était restée vide. »

Le 23 novembre 1814, le Roi ayant daigné honorer de sa présence le spectacle de la rue Feydeau, le même journaliste termine un long article relatif à ce sujet, par cette espèce de péroraison :

« Qui aurait pu résister à la délicieuse émotion qu'a
» ressentie la foule immense entassée dans la salle

» de Feydeau, et pressée dans toutes les avenues à
» l'arrivée du Roi et de sa famille ? L'Opéra-Comique
» attendait avec impatience l'honneur de posséder à
» à son tour ces augustes spectateurs, et cette fête n'a
» pas été moins belle que toutes celles qui l'ont pré-
» cédée. Les cris de *vive le Roi!* et l'air chéri ont
» long-temps retenti, et le lever de la toile a seul fait
» cesser les acclamations auxquelles le Roi a répondu
» avec une bonté et un plaisir qui lui faisaient oublier
» ses fatigues. »

MASSÉNA, né dans le comté de Nice, se trouvait bas-officier au service sarde au moment de la révolution, et s'étant joint aux troupes françaises, il fut fait officier supérieur, et ensuite général de brigade dans le courant de 1793, général de division en 1794. Ses succès multipliés à l'armée d'Italie, le firent surnommer par Bonaparte l'*Enfant chéri de la Victoire.*

Après avoir servi d'une manière distinguée comme général de division, il prouva ses talens comme général en chef, en Suisse, contre l'archiduc et les généraux Korsahow et Suwarow. Il passa ensuite en Italie, où sa défense de Gênes lui fit le plus grand honneur. En 1803, il entra au corps-législatif, fut nommé maréchal d'empire le 19 mai 1804, puis chef de la quatorzième cohorte et grand-officier de la légion-d'honneur. En février 1805, il fut décoré du cordon rouge, et ensuite de l'ordre de Saint-Hubert de Bavière. L'empereur le nomma prince d'Essling, duc de Rivoli, grand-aigle de la légion-d'honneur. Ce maréchal d'empire n'en envoya pas moins, de Toulon, son adhésion, le 16 avril

1814, à la déchéance de Napoléon et à tous les actes du gouvernement provisoire. Nommé par le Roi commandeur de l'ordre royal et militaire de Saint-Louis, il accepta, à la rentrée de Napoléon, le commandement de la garde nationale de Paris, qu'il fut ensuite obligé de céder au général Dessoles, en juillet 1815.

MAURY (Jean-Sifrein), prieur de Lyon, abbé de la Frénade, prédicateur du Roi, et membre de l'Académie française, né à Valréas, dans le comté d'Avignon, en 1746, fut nommé en 1789 député du clergé de Péronne aux états-généraux ; sacré archevêque de Nice le 1er. mai 1792 ; évêque de Monte-Fiascone en 1794, et cardinal la même année, à l'intercession de S. M. Louis XVIII, alors régent du royaume, pendant la captivité et la minorité de S. M. Louis XVII; archevêque de Paris et membre de la légion-d'honneur en 1810. On sait que son éminence fut révoquée par le chapitre diocésain de Paris, en 1814, et qu'elle se retira à Rome, où, dit-on, elle a été enfermée au château Saint-Ange.

Pendant les temps orageux qui avaient précédé le consulat, le cardinal Maury avait déployé un caractère bien différent de celui qu'il montra depuis sa lettre à Bonaparte. Devenu bas flatteur, il prodigua à l'empereur l'encens et les éloges les plus outrés avec un scandale et une impudeur éhontés. Nous renvoyons à ses mandemens, qui doivent être transcrits sur les registres du chapitre Notre-Dame de Paris, et qui ont été placardés dans toutes les églises à diverses époques.

MÉHUL, célèbre compositeur français, membre de

l'institut et de la légion-d'honneur, a fait la musique de *Timoléon*, tragédie en trois actes, avec des chœurs, par Chénier, représentée au théâtre de la République en l'an 3; du *Chant du Retour*, à l'occasion des députations de la ville de Paris, qui furent recevoir la garde impériale à la barrière Saint-Martin, lors du couronnement de S. M. l'empereur; et d'une *cantate* pour le concert public, exécuté aux Tuileries le 2 avril, jour de la célébration du mariage de S. M. l'empereur Napoléon, et de S. A. I. et R. l'archiduchesse Marie-Louise, paroles de M. Arnault, membre de l'Institut; ce qui ne s'opposa en rien à ce que M. Méhul ne fût nommé, en janvier 1815, par le Roi, administrateur provisoire du Conservatoire royal, de concert avec M. Gossec.

MÉJAN (Maurice), avocat à la Cour de cassation, auteur d'un recueil des *Causes célèbres*, dont il a fait hommage indistinctement, dans le courant de 1809:

1°. A S. A. le vice-roi d'Italie;

2°. A la princesse de Lucques et de Piombino, sœur de l'empereur;

3°. A S. A. E. le prince primat;

4°. Au grand-duc de Bade;

5°. A S. M. le roi de Saxe;

6°. A S. M. le roi de Hollande.

M. Méjan reçut en échange des marques de bienveillance, des tabatières, des bagues et des médailles.

En 1814, cet avocat, qui est né pour faire *hommage* de toutes ses compilations à qui il appartiendra, a fait *hommage* du procès de Louis XVI à S. M. Louis XVIII, et pareil hommage, en 1815, à S. M. le roi de Prusse, dont il a reçu une lettre très-honorable.

M. Méjan n'est pas encore au bout de ses *hommages*, et l'*Almanach royal* prochain lui indiquera les personnages illustres à qui il fera *hommage* de son recueil des Causes célèbres et du procès de Louis XVI.

MÉNÉTRIER (Casimir), chansonnier de profession, convive des *Soupers de Momus*, où il mange, boit et chante à ravir, a célébré Napoléon sur l'air : *Verse encore*.

> Le fer à la main,
> Franchissant la barrière,
> *L'homme du destin*
> Nous ouvre le chemin ;
> Il marche et soudain
> J'entends la France entière
> Sous ses étendards,
> Chanter de toutes parts :
> Tonne encor, encor, encor
> Dans les champs de la gloire,
> Foudre de la victoire !
> Tonne encor, encor, encor,
> Rejette vers le nord
> L'épouvante et la mort.

Le *Bourdon de Notre-Dame*, chanson sur l'avénement de Louis XVIII au trône des Français, est aussi de M. Ménétrier. Elle est composée de huit couplets, dont en voici deux pour échantillons :

> Au son bruyant du canon
> Succède un bruit plein de charmes,
> C'est le joli carillon

Des cloches et du *bourdon* :
Bon, bon, c'est un Bourbon
Qui vient essuyer nos larmes ;
Bon, bon, car un Bourbon
Est toujours bon.

Avec la *conscription*
On *décimait* nos familles
Et plus d'un brave luron,
Mourait loin de son tendron ;
Bon, bon, mais un Bourbon
Mariera toutes nos filles ;
Bon, bon, car un Bourbon
Est toujours bon.

M. Casimir est encore auteur d'une foule de vers et de chansonnettes qui portent le cachet du génie, et dont on fait en ce moment un recueil, qui sera dédié à M. Jacquelin, son illustre confrère et ami.

I. MERLIN DE DOUAI (Philippe-Antoine), avocat, fils d'un agriculteur d'Auchin, fut nommé aux états-généraux par le bailliage de Douai ; après la session, devint président du tribunal criminel du département du Nord, et en 1792, député de ce même département à la convention nationale. Ce fut lui qui, le 17 décembre 1793, fit porter le décret sur les *suspects*, qui lui valut la dénomination de *Merlin suspect*. En septembre 1794, il fut nommé membre du comité de salut public, et le 14 novembre 1795, ministre de la justice, d'où il passa, en janvier 1796, au ministère de la police, qu'il quitta bientôt, et reprit, en avril, le ministère de la justice ; coopérateur de la journée du 18 fructidor an 5 (4 septembre 1797), il entra au directoire à la place de Barthélemy, et fut forcé de donner sa démission le 18 juin 1799. En avril 1802, il fut nommé, par le gouvernement consulaire, commissaire près le tribunal de cassation; en 1804, commandant de la légion-d'honneur, et en 1806, appelé au conseil d'état par l'empereur, qui le nomma successivement comte de l'empire, conseiller d'état à vie, procureur impérial en la Cour de cassation, grand-officier de la légion-d'honneur, et commandant de l'ordre impérial de la Réunion; il fut en outre membre de l'Institut. Cependant il adhéra, le 11 avril 1814, à tous les actes du sénat et du gouvernement provisoire, et au rétablissement de nos anciens souverains.

En dernier lieu, il devint ministre d'état et membre de la chambre des représentans; aujourd'hui, il est....

II. MERLIN DE THIONVILLE (Antoine), huissier, officier municipal, député de la Moselle à la législature, ensuite à la convention nationale, fut envoyé en mission aux armées, passa en 1795 au conseil des Cinq-Cents, d'où il sortit en mai 1798, et fut employé dans l'administration générale des postes. Le 7 avril 1814, ce chaud républicain écrivit à S. A. le prince de Bénévent la lettre suivante :

« MONSEIGNEUR,

» Chargé de lever une légion pour concourir à la dé-
» fense de mon pays, j'ai dû cesser son organisation,
» quand j'ai su que la paix était le fruit des soins du
» gouvernement provisoire. J'adhère à tout ce qu'a fait

ce gouvernement paternel, et je m'empresse de lui offrir mes services. »

J. MICHAUD (Joseph), homme de lettres et libraire. La république, l'empereur et le Roi, ont tour-à-tour obtenu les hommages et respiré l'encens de M. Michaud. A l'appui de son républicanisme, on peut citer de lui un fragment, intitulé : l'*Immortalité de l'âme*, dont on a retenu les vers suivans :

> Oh ! si jamais des rois et de la tyrannie,
> Mon front *républicain* subit le joug impie,
> La tombe me rendra mes droits, ma liberté,
> Et mon dernier asile est l'immortalité :
> Oui, si le despotisme opprime encor les hommes,
> Rappelle-moi, grand Dieu, de la terre où nous sommes,
> Et parmi les Caton, les Sidney, les Brutus,
> Fais-moi goûter encor le charme des vertus....

Comme dévoué jadis à l'empereur, on connaît, ou l'on ne connaît pas, ses *stances sur la naissance du roi de Rome*. En voici deux pour échantillons :

> Au signal d'un héros, père de la patrie,
> Une flore inconnue a paru dans nos bois ; (1)
> Le désert étonné va fleurir à sa voix,
> Et verra des cités la féconde industrie :
> Le miel américain croîtra dans nos sillons ;
> Des trésors ignorés dans nos champs vont éclore,
> Et sur leurs bords lointains les peuples de l'aurore,
> Des rives de la Seine environt les moissons.

---

(1) S. M. l'Empereur vient d'encourager la culture des plantes qui peuvent suppléer à l'indigo, à la cochenille, à la canne à sucre, etc.

Note de M. Michaud.

Nos fleuves uniront leurs ondes fraternelles ;
Et des climats divers échangeant les trésors,
Le commerce opulent, rappelé dans nos ports,
Régnera sur des mers trop long-temps infidelles ;
Tous les arts enfantant des prodiges nouveaux,
Orneront des palais et des cités nouvelles,
Et, le front couronné de palmes immortelles,
Du grand Napoléon rediront les travaux ..

Comme royaliste, M. Michaud peut citer tous les articles de la *Quotidienne* de 1814, signés O. D'où il résulte que ce poète, ayant su tirer un parti favorable des circonstances, s'est vu comblé de places et de faveurs par l'empereur, et accablé sous le Roi.

II. MICHAUD, général, baron d'empire ; nommé par l'empereur commandant de la légion-d'honneur, et par le Roi grand-officier de la même légion (23 août 1814), et chevalier de l'ordre royal et militaire Saint-Louis.

MILET DE MUREAU, né à Toulon le 26 juin 1751, député de cette ville aux états-généraux en 1789, chef d'une division au ministère de la guerre en 1798, fut nommé, en mars 1799, ministre de la guerre, en remplacement de Schérer, céda sa place à Bernadotte, et obtint le brevet de général de division dans l'arme du génie. Après le 18 brumaire, il devint inspecteur général des fortifications, et en 1802, préfet de la Corrèze ; nommé par l'empereur officier de la légion-d'honneur ; nommé par le Roi commandant de la même légion, le 10 septembre 1814, et commandant de l'ordre royal et militaire de Saint-Louis.

Dépositaire des manuscrits de Lapeyrouse, il rédigea le voyage de ce célèbre navigateur, qu'il publia en 1798.

MILLEVOYE (Charles), membre de la société philotechnique de Paris, de l'académie de Lyon, et de plusieurs sociétés littéraires des départemens, a sacrifié comme ses autres confrères du Parnasse, à l'idole du jour, dans une pièce de vers intitulée : HERMANN et THUSNOLDA, scène lyrique, *à l'occasion du mariage de S. M. l'empereur et roi.*

LE CHANT DE VIRGILE, *sur la naissance du roi de Rome*, mériterait d'être cité, s'il n'était un peu trop long.

Après avoir célébré le mariage du père et la naissance du fils, M. Millevoye, qui sait monter sa lyre sur tous les tons, au gré des circonstances, adresse une pièce de vers à monseigneur le duc de Berry, dont la première strophe donnera une idée des autres :

> Aimable dans la paix, vaillant s'il faut combattre,
> Tu seras surnommé le prince des soldats ;
> La victoire suivra l'héritier d'Henri Quatre ;
> « Cet oracle est plus sûr que celui de Calcas. »

En 1806, M. Millevoye avait préludé par un poëme sur la bataille d'Austerlitz, et a fini, en 1815, par un autre sur la mort de Louis XVI.

MILLIN (Louis-Aubin), membre de l'Institut de France et de la légion-d'honneur, conservateur du Muséum des antiques à la bibliothèque impériale, professeur d'histoire et d'antiquités, membre de presque toutes les académies, lycées, athénées et sociétés savantes de l'Europe, dont il a en poche les diplômes en bonne forme, fut maintenu par S. M. Louis XVIII dans ses places; à la rentrée de Napoléon, ne voulant point les quitter, on fut obligé de l'y laisser.

On lui doit l'*Annuaire républicain*, ou *Légende physico-économique*, monument curieux pour l'instruction de nos descendans.

MIOLLIS, soldat d'infanterie avant la révolution, parvint de grade en grade jusqu'à celui de général de division, le 6 juillet 1799; l'empereur le nomma comte de l'empire, grand-officier de la légion-d'honneur, gouverneur général de Rome, et président de la consulte extraordinaire. Le 13 août 1814, le Roi le nomma chevalier de l'ordre royal et militaire de St.-Louis, et ensuite commandant à Marseille.

MOLÉ, ancien conseiller au parlement de Paris, conseiller d'état, officier de la légion-d'honneur, et directeur général des ponts et chaussées sous l'empereur; fut nommé par le Roi membre du conseil général du département de la Seine, et renommé par décret de l'empereur, du 21 mars 1815, directeur général des ponts et chaussées, et pair de France, le 4 juin suivant. Voici un petit échantillon du savoir faire de ce conseiller; après avoir exposé la splendeur de la France, après la campagne de Russie, il s'écrie :

« Si un homme du siècle de Médicis ou du siècle de
» Louis XIV revenait sur la terre, et qu'à la vue de
» tant de merveilles, il demandât combien de règnes

» glorieux, de siècles de paix, il a fallu pour les pro-
» duire, vous répondriez qu'il a suffi de douze années
» de guerre et d'un seul homme. »

MONBADON (Lafaurie de), ancien maire de Bordeaux, membre de la légion-d'honneur, gouverneur du palais impérial de Bordeaux, admis au sénat le 6 mars 1809; nommé pair de France par le Roi le 4 juin 1814, puis.....

MONCEY (Bon.-Am.-Jean de), né à Besançon en 1754, servit avec distinction à l'armée des Pyrénées occidentales, en 1794 et en 1795, dont il obtint le commandement en chef. En 1796, il passa à l'armée du Rhin, où il fut employé comme général de division, et de là en Italie, où il commanda un corps d'armée avec le titre de lieutenant-général; en 1799, les consuls le nommèrent commandant de Lyon; en 1801, premier inspecteur-général de la gendarmerie nationale; en mai 1804, l'empereur l'éleva à la dignité de maréchal d'empire; puis le nomma grand-aigle de la légion-d'honneur; enfin duc de *Conegliano*. En avril 1814, il donna son adhésion aux actes du gouvernement provisoire, et fut confirmé par le Roi dans son poste de premier inspecteur de la gendarmerie devenue royale; chevalier de l'ordre royal et militaire de Saint-Louis le 1er. juin 1814; pair de France le 4 du même mois, et ministre d'état composant le conseil du Roi. Le 4 juin 1815, M. Moncey est nommé pair de France par l'empereur.

MONGE (Gaspard), avant la Révolution, membre de l'Académie des sciences, examinateur des élèves de la marine pour les mathématiques ; ministre de la marine sous la Convention en 1792 ; depuis sénateur, comte de Peluse, grand-officier de la légion-d'honneur, grand'croix de l'ordre de la réunion, chevalier de la couronne de fer, titulaire de la sénatorerie de Liége; membre de l'Institut; commissaire extraordinaire de S. M. I. dans la 25e. division militaire; pair de France par l'empereur, le 4 juin 1815.

Nos savans modernes ne restent pas toujours renfermés dans leurs cabinets, pour se livrer à l'étude ; ils trouvent des momens pour solliciter des places, des honneurs qu'ils achètent presque toujours par la bassesse et la flatterie.

MONPERLIER (J.-A.-M.), de Lyon, président du caveau lyonnais, membre du cercle littéraire de Lyon, correspondant des soupers de Momus, auteur dramatique, dont les pièces alimentent continuellement les théâtres de Lyon, qui, sans M. Montperlier, seraient dans la plus grande détresse.

Ce poëte lyonnais a une verve inépuisable ; sa lyre facile et complaisante se monte sur tous les tons, et sait prendre les accens convenables aux temps et aux circonstances.

Lors de la naissance du roi de Rome, M. Montperlier eut un songe qu'il a publié en vers alexandrins dans les *Hommages poétiques*, tom. II, pag. 142; ce songe mériterait d'être transcrit en entier ; nous nous bornerons aux six vers suivans, parce qu'ils disent tout ce qu'il est possible de dire en pareille circonstance :

Voiles de l'avenir, vous tombez devant moi !
Je vois, *Napoléon*, un fils digne de toi ;
Il joindra tes vertus aux grâces de Marie :
Instruit par les hauts faits d'une si belle vie,
Gage de ta tendresse et d'un bonheur constant,
Au sortir de tes bras la victoire l'attend.

En mai 1814, M. Montperlier à qui les divers langages de la poésie sont familiers, fit paraître, à Lyon, une ode intitulée : l'*Ombre de Henri IV*, qui commence ainsi :

Pleure sur tes lauriers, muse des vains préstiges,
Un jour a dévoré les vingt ans de prodiges,
Dont la fausse grandeur avait séduit tes yeux !
Il est enfin tombé l'orgueil du diadême,
Et son heure suprême,
Pour instruire la terre a sonné dans les Cieux.

Dans cette strophe, le poète lyonnais semble se repentir d'avoir chanté Napoléon ; à tout péché miséricorde : *Il y aura plus de joie dans le ciel pour un seul pécheur qui se convertit, que pour quatre-vingt-dix-neuf justes qui n'ont pas besoin de pénitence.*

La suivante n'est pas moins belle.

La paix, la douce paix enchaînant les tempêtes,
Invite l'Univers à ses illustres fêtes :
Ses mains vont relever et le trône et l'autel :
Sur un sol trop long-temps sillonné par la foudre,
Le Lys réduit en poudre
Va briller désormais d'un éclat immortel, etc.

I. MONTESQUIOU-FESENZAC (Elisabeth-Pierre), né le 30 septembre 1764, grand-chambellan de l'empereur, commandant de la légion-d'honneur, grand-officier de la couronne, commissaire extraordinaire de S. M. l'empereur dans la 15e. division militaire, à Rouen; nommé par le Roi pair de France le 4 juin 1814; et par l'empereur pair de France le 4 juin 1815.

II. MONTESQUIOU (l'abbé de), agent général du clergé de France, député du clergé de la ville de Paris aux états-généraux, fut nommé par le sénat, le 1er. avril 1814, un des cinq membres composant la commission du gouvernement provisoire; nommé par le Roi ministre et secrétaire-d'état de l'intérieur au mois de mai de la même année.

MORIN, qui n'est point MICHEL MORIN, mais M. MORIN, secrétaire du consul Bonaparte et du général Masséna, a fait une ode sur le mariage de Napoléon: sous le Roi, il devint chef de division au ministère de la police. M. Morin est auteur d'un poëme intitulé *Gênes sauvée*, dont nous n'avons pu nous procurer un seul exemplaire, quoi qu'il ait été tiré à dix mille. *Habent sua fata libelli*.

MORTEMART (le duc de), comte de l'empire, membre de la légion-d'honneur; nommé par l'empereur, gouverneur du palais de Rambouillet; nommé par le roi pair de France, le 4 juin 1814, et capitaine-colonel des cent-suisses.

MORTIER (Edouard-Adolphe-Casimir Joseph), né à Cambrai, entra dans la carrière militaire comme capitaine dans l'un des bataillons de volontaires de son département; devint lieutenant-colonel, et s'éleva de grade en grade jusqu'à celui de général de division.

Sous l'empereur, il fut nommé maréchal, duc de Trévise, grand-officier de l'Empire, grand-aigle de la légion-d'honneur. Le Roi le nomma pair de France, chevalier de l'ordre royal et militaire de St.-Louis, le 1er. juin 1814, et gouverneur de la 16e. division militaire, à Lille.

Dans le Journal de l'Empire, du 28 mars 1815, on lit l'article suivant :

« Hier, avant la messe, le duc de Trévise, arri» vant de Lille, s'est présenté chez l'empereur. Ce
» maréchal, par sa fermeté et les bonnes mesures qu'il
» avait prises, a conservé Lille à l'empereur. Le projet
» des princes avait été de faire entrer la partie de la
» maison du Roi sur laquelle ils pouvaient compter.
» Ce projet a trouvé des obstacles dans le patriotisme
» du maréchal et de la garnison, qui étaient décidés
» à ne laisser introduire dans la place, aucune troupe
» qui ne fût sous l'obéissance de l'empereur. »

Aussi le maréchal Mortier fut-il nommé pair de France par l'empereur, le 4 juin 1815.

MURAIRE (Le comte Honoré), né le 6 novembre 1750, débuta comme avocat au parlement d'Aix, et devint par la suite président de la cour de cassation. Voici le discours qu'il tint à Monsieur, comte d'Artois, le 9 avril 1814.

« Monseigneur,

» Après une trop longue et trop violente tempête, le
» vaisseau de l'état rentre enfin dans le port. La
» France retrouve son véritable Roi, et les Français
» un père dans le sein duquel ils oublieront leurs mal-

» heurs. Tout ce qu'un événement si heureux a pro-
» duit d'allégresse et d'enthousiasme ; tout ce que ce
» jour à jamais mémorable de bonheur et d'amour,
» de régénération et d'espérance, de reconciliation et
» de paix, a produit d'émotions et de sentimens, la
» cour de cassation l'a éprouvé, elle l'a ressenti, elle
» l'a partagé. Eh ! comment le premier corps de la ma-
» gistrature française ne bénirait-elle pas le retour d'un
» règne et d'un monarque qui assurent aux lois une
» action entière et libre, aux tribunaux l'indépen-
» dance et la considération sans lesquelles ils ne peu-
» vent exister, et aux citoyens le cours invariable et
» régulier de la justice, et surtout l'ordre naturel et
» jamais interverti des juridictions. Monseigneur, nous
» vous remercions de ces premiers bienfaits ; nous vous
» remercions de tous ceux que le retour de Louis XVIII
» et celui de V. A. R. promettent à la France, et nous
» vous supplions d'agréer pour votre auguste frère,
» comme pour vous-même, la vive et franche expres-
» sion de notre amour, de notre respect et de notre
» fidélité. »

Voici celui que le même président adressa à l'empereur, le 27 mars 1815 :

« Sire,

» La profession des sentimens dont votre cour de
» cassation vous apporte l'hommage, ne peut être
» aujourd'hui que la profession des principes qu'elle
» s'honore de proclamer, en vous saluant comme seul
» véritable et légitime souverain de l'Empire. Cette
» souveraineté, instituée par la nation et pour elle,

» vous fut déférée par son vœu, lorsqu'elle vous ap-
» pela à un trône vacant et abandonné. Le vœu natio-
» nal vient de se manifester encore avec autant d'una-
» nimité et plus d'énergie ; partout il a été l'élan des
» cœurs, sans violence, sans contrainte ; car tous ont
» été pour vous, par un mouvement spontané, volon-
» taire et libre de toute influence. La légitimité de
» votre souveraineté pourrait-elle donc être méconnue,
» lorsqu'elle repose sur la base indestructible de la vo-
» lonté libre du peuple français ?.....

» Eh ! quel chef plus digne d'une nation libre et gé-
» néreuse, que celui qui reconnaît que les rois sont
» faits pour les peuples, et non les peuples pour les
» rois ; qui ne veut régner que par une constitution
» faite et acceptée dans l'intérêt et par la volonté de la
» nation ; qui ne veut gouverner que par les lois, et
» pour maintenir également et indistinctement les droits
» de tous ! Sire, ces principes sont de toute éternité ;
» les progrès des lumières du siècle, de ce siècle qu'on
» a essayé de faire reculer, n'a fait que les mettre dans
» une plus grande évidence : l'ignorance et les préjugés
» ont disparu devant eux, et V. M. a acquis des droits
» immuables à la reconnaissance, non-seulement de
» la France, mais de toutes les nations civilisées, pour
» les avoir sauvées de la subversion de tous leurs droits
» et de la rétrogradation de la raison universelle.... »

Voilà ce qui s'appelle faire son thème de deux façons. On pourrait peut-être objecter que ce ne sont point les vérita-bles sentimens de M Muraire, mais ceux de la compagnie qu'il présidait, et au nom de laquelle il portait la parole ;

cette objection a quelque chose de spécieux, et le comte Muraire est le seul qui soit dans le cas de nous dire, s'il a parlé d'après lui ou d'après ses commettans. *Fiat lux.*

MURAT (Joachim), né à Castres, servit d'abord dans la garde constitutionnelle de Louis XVI, ensuite comme officier dans le 12e. régiment des chasseurs à cheval. En 1795, il s'attacha à Bonaparte, dont il devint aide-de-camp, et obtint successivement en cette qualité les grades de chef et de général de brigade. L'ayant accompagné ensuite en Egypte, il fut fait général divisionnaire, revint en France avec lui, et fut un de ceux qui le servirent le plus efficacement lorsqu'il changea la forme du gouvernement en 1799. A la fin de décembre de la même année, Bonaparte lui donna une de ses sœurs en mariage, et l'employa ensuite comme un de ses lieutenans à l'armée de réserve. Murat commanda en chef, en 1801, l'armée d'observation, gouverna sous le titre de général, la république cisalpine. En janvier 1804, il fut nommé gouverneur de Paris, avec le rang et les honneurs de général en chef, puis maréchal d'empire en mai suivant. Le 1er. février 1805, il fut élevé à la dignité de prince, comme grand-amiral, et ensuite décoré du cordon rouge et des ordres de Prusse et de Bavière. Elevé au plus haut point des dignités et des honneurs, il ne lui restait plus rien à désirer que de devenir roi, et il le fut de Naples ; et en cette qualité, sa majesté signa un traité avec les alliés pour détrôner son beau-frère.

Mais comme ici bas tout change de face et de forme !

ce roi, après avoir obtenu quelques succès en Italie contre les Autrichiens, fut battu et chassé de ses états. Il est maintenant à.....

N.

NADERMANN (F.-J.), compositeur, professeur de harpe; premier harpiste de la musique de l'empereur, et de la musique particulière de l'impératrice; premier harpiste de la chapelle et de la musique du Roi.

NANTEUIL (Gogiran), ancien journaliste, poëte et auteur dramatique, a donné la *Flotille de Boulogne*, *Isabelle de Portugal*, et plusieurs autres pièces de circonstance à la louange de l'empereur et de l'impératrice, qui, indépendamment des bijoux qu'il en reçut, lui valurent une action de 6000 francs sur l'ancien *Journal de Paris*, et la place de secrétaire du garde-meuble qu'il a eu l'art de conserver, malgré tous les changemens survenus dans le gouvernement. Jadis on faisait un reproche à nos savans, à nos littérateurs et à nos poëtes de négliger la fortune, de végéter misérablement et de mourir dans l'indigence ou à l'hôpital; les tems aujourd'hui sont bien changés; nos auteurs modernes, qui ont reconnu le prix de l'or et les avantages de la considération, intriguent comme les courtisans, calculent comme les financiers, et subtilisent comme les plus fins diplomates. Aussi presque tous sont riches; presque tous occupent des places honorifiques et lucratives en même-tems; presque tous sont aux aguets pour découvrir d'où vient le vent de la faveur, afin d'en recevoir les benignes influences. En un mot' nos hommes de lettres sont tout à-la-fois courtisans, financiers et diplomates.

NEY, né à Sarre-Louis en 1769, entra fort jeune au service dans le régiment de colonel-général, hussards, et passa rapidement par tous les grades subalternes jusqu'à celui d'adjudant-général qui lui fut conféré par Kléber en 1794. Il s'attacha à ce général, et acquit sous ses ordres cette réputation d'audace et de talent qu'il accrut depuis par diverses actions d'éclat. En 1796, après un combat glorieux sur la Rednitz, il fut promu au grade de général de brigade sur le champ de bataille. En 1797 promu au grade de général de division, il servit, en 1799, en cette qualité, à l'armée du Rhin.

Après l'avénement de Napoléon Bonaparte au trône impérial, il fut élevé à la dignité de maréchal d'empire, puis nommé, en septembre 1804, grand officier de la 7e. cohorte de la légion-d'honneur. Le 1er. février 1805, il fut décoré du cordon rouge, et créé peu après chevalier de l'ordre du Christ de Portugal, prince de la Moscowa, duc d'Elchingen ; nommé par le Roi, le 20 mai 1814, commandant en chef du corps royal des cuirassiers, des dragons, des chasseurs et des chevaux-légers-lanciers de France ; chevalier de l'ordre royal et militaire de St.-Louis, le 4 juin suivant; pair de France par Bonaparte le 4 juin 1815.

NOEL, homme de lettres, né de parens peu fortunés, reçut l'éducation gratuite des Boursiers, d'abord au collège des Grassins, puis à Louis-le-Grand où il se lia avec Robespierre. S'étant déclaré de bonne heure pour la révolution, il rédigea, au commencement des troubles, un journal intitulé *la Chronique*, et fut placé dans les bureaux des affaires étrangères. Vers la fin de 1792, on le chargea d'une mission en Angleterre, et peu après on l'envoya comme chargé d'affaires en Hollande. Il eut plusieurs autres missions dont il s'acquitta tant bien que mal. Après le 18 brumaire, il fut nommé tribun, et passa bientôt à Lyon en qualité de commissaire de police, et le 30 novembre 1800, il obtint la préfecture du Haut-Rhin qu'il quitta pour devenir inspecteur-général de l'instruction publique, et successivement conseiller ordinaire, inspecteur-général de l'Université impériale. Nommé inspecteur général des études par le Roi, le 17 février 1815.

Dans une distribution de prix, faite à des élèves de Paris en 1806, M. Noël leur disait :

« Vous serez la gloire de vos maîtres, la consola-
» tion de vos familles, et vous vous rendrez dignes
» d'être comptés un jour parmi les hommes célèbres
» du 19e. siècle, du siècle de Napoléon-le-Grand. »

Malgré ses ambassades et ses emplois, M. Noël a trouvé le tems de composer quelques ouvrages, et de faire des compilations nombreuses qui lui ont rapporté plus d'argent que de réputation ; la production la plus rare et la plus curieuse de cet inspecteur des études, est une *lettre sur l'antiquité du bonnet rouge, considéré comme signe de la liberté*, qu'il publia en 1793, lettre qui attesta alors le républicanisme de

M. Noël, qui ne prévoyait pas alors qu'il deviendrait *impérialiste* et *royaliste*.

NOUGARÈDE DE FAYET, chevalier d'empire; membre de la légion-d'honneur; conseiller titulaire de l'Université impériale; conseiller honoraire au conseil royal de l'instruction publique en 1814; redevenu titulaire de l'Université impériale le 31 mars 1815. Voilà de ces génies souples, qui, au moyen de leur versalité, s'avancent rapidement dans le chemin de la fortune et des honneurs.

O.

OTTO, fameux diplomate, dont le nom a retenti dans toutes les gazettes. Comte d'empire; grand-officier de la légion-d'honneur; ministre plénipotentiaire près de S. M. l'empereur d'Autriche; conseiller d'état, service extraordinaire (1811); conseiller d'état honoraire au conseil du Roi (1814); rentré au service de Napoléon; sous-secrétaire d'état au ministère des affaires étrangères, le 27 mars 1815, et envoyé par lui comme ministre plénipotentiaire en Angleterre, le 25 juin 1815.

OUDINOT (Charles-Nicolas), né à Bar en Lorraine, le 25 avril 1765, commença par être soldat, et parvint de grade en grade à celui de général. Vers la fin de 1803, il fut appelé au sénat, et en 1804 nommé au commandement en chef des grenadiers de la réserve de l'armée de Boulogne, et décoré peu de jours après du cordon rouge ; maréchal de France, duc de Reggio, par l'empereur, il donna son adhésion à sa déchéance, et aux actes du gouvernement provisoire.

Le 20 mars 1814, le Roi le nomma commandant en chef du corps royal des grenadiers et chasseurs à pied de France ; chevalier de l'ordre royal et militaire de Saint-Louis, le 1er. juin suivant ; gouverneur de la 2e. division militaire, le 28 du même mois ; commandeur de l'ordre de Saint-Louis, le 24 septembre suivant ; enfin, ministre d'état composant le conseil du Roi.

OURRY. Qui ne connaît M. Ourry ? Le théâtre du Vaudeville et celui des Variétés ont retenti long-tems des succès de ce vaudevelliste, qui tantôt seul, tantôt avec M. Chazet, De Valory, La Fortelle, etc., épuisait sa verve poétique pour la plus grande gloire de ces théâtres, et l'amusement du public. Il est l'auteur de la *Double Fête*, vaudeville donné aux Variétés, en août 1810, à l'occasion de la saint Napoléon ; et de la *Jeunesse d'Henri IV*, vaudeville représenté aux Variétés en août 1814, anniversaire de la Double Fête.

Dans les *Hommages poétiques*, tom. 1, M. Ourry fit insérer quinze couplets ou strophes sur la naissance du roi de Rome, dont nous citerons la première :

Il est né le fils de la gloire !
Il est né l'héritier du trône et des Césars !
Le bronze avec orgueil l'annonce à nos remparts ;
Amour a son triomphe, hymen a sa victoire ;
Partout les temples sont ouverts ;
Un peuple impatient inonde leurs portiques ;

>   Sa voix entonne des cantiques,
> Dont frémit Albion, qu'écoute l'univers.

Les tems ont changé, M. Ourry a changé avec eux; sa muse à pris un autre ton dans des couplets de sa façon, chantés le 19 juin 1814, à un repas des gardes-du-corps de Luxembourg.

> La voix de l'honneur nous appelle
> Auprès d'un monarque adoré;
> Nous le servirons avec zèle,
> C'est notre cœur qui l'a juré.
> Animés de la noble envie
> D'éterniser ce sentiment,
> Nous garderons toute la vie,
> Notre prince et notre serment.
>
> Mais pourquoi garder un monarque,
> Le père de tous ses sujets?
> De nos transports plus d'une marque
> A déjà payé ses bienfaits.
> Chacun, pour offrir son hommage,
> Voudrait l'entourer dans ce jour,
> Et notre emploi sera, je le gage,
> De le garder de notre amour.
>
> Amis, une santé bien chère,
> Sera, je crois, de tous les goûts;
> C'est celle d'un roi, d'un bon père,
> A plein verre nous boirons tous.
> Ah! de l'entourer qu'il nous tarde!
> Chaque jour, redoublant d'efforts,
> Mourir, s'il le faut, pour sa garde,
> Voilà pour nous l'esprit du corps.

Depuis ces couplets, la veine de M. Ourry s'est reposée ; mais nous espérons qu'elle sortira de sa langueur ; car que deviendrait la joie, si jamais M. Ourry imposait silence à sa muse.

P.

PAIN (Joseph), auteur pour moitié *de Fanchon la Vielleuse*, et de quelques vaudevilles et chansons, a fait insérer dans les *Étrennes lyriques*, 34e année, pag. 58, les couplets suivans :

> Du destin et de la nature
> Nous goûtons enfin la faveur ;
> On voit renaître la verdure,
> On sent renaître le bonheur.
> Des zéphirs la douce haleine,
> Succède au soufle des autans,
> Le ciel appaisé nous ramène
> Et les Bourbons et le printems.
>
> Le soleil, perçant les nuages,
> Nous montre son flambeau divin ;
> Plus de tempêtes, plus d'orages,
> Le ciel sera long-tems serein.
> De franche gaité, d'espérance
> Tout brille à nos regards contens,
> Et les Bourbons sont pour la France
> Garans d'un éternel printems.
>
> Quand flore vers nous ramenée,
> Des prés nuançait les couleurs,
> En vain la France infortunée
> Cherchait la plus noble de fleurs.
> Le Lys, sur sa tige flétrie,
> Etait fané depuis long-temps ;
> On rend aux Bourbons leur patrie,
> Il fleurira chaque printemps.

M. Pain, qui probablement n'a pas une bonne mémoire, ne s'est pas souvenu que le 3 avril 1810, on chanta à la comédie française, des couplets de sa façon, à l'occasion du mariage de S. M. l'empereur avec l'archi-duchesse Marie-Louise d'Autriche, et dont voici le premier :

>Chantons Napoléon ; ce nom seul nous inspire ;
>La vérité lui plait ; elle est si belle à dire.
>Mars dépose un moment ses armes,
>Et le vainqueur du Niémen,
>Aux cris de guerre, aux bruits d'alarmes,
>Fait succéder les chants d'hymen.
>L'amour sourit à l'alliance,
>De fleurs couronne le guerrier ;
>Et maintenant le Myrthe, en France,
>Va croître à l'ombre du laurier.
>Ciel ! éternise
>Cette double union ;
>Que chacun dise,
>Répéte à l'unisson :
>Vive Louise !
>Vive Napoléon !

En ajoutant huit couplets à celui-ci, vous aurez la mesure au juste des sentimens d'allégresse qu'inspirait à M. Pain l'union de Bonaparte.

Nous ne parlerons point ici de *Encore une partie de Chasse*, ou le *Tableau d'Histoire*, comédie en un acte et en vers, que M. Pain fit en société avec M. Dumersan, en avril 1810, remplie d'allusions pour l'empereur, représentée au théâtre de l'Impératrice, ainsi que d'une foule de couplets chantés en différentes circonstances, qui ont réjoui Paris et toute l'armée.

PAJOU, peintre, fils du célèbre sculpteur de ce nom, a exposé au *musée Napoléon*, le 1er. novembre 1812, sous le n°. 692 de la notice,

1°. Un tableau représentant *la Clémence de S. M. l'empereur et roi*, envers M. de St.-Simon.

Et au musée royal des arts, le 1er. novembre 1814, sous le n°. 732 de la notice,

2°. Un tableau allégorique du *Retour de Louis XVIII*.

Dans l'espace de deux ans, M. Pajou fils n'a changé que deux fois; cela est bien modeste en comparaison de ceux qui ont varié d'opinion deux fois en deux mois.

PASQUIER, baron de l'empire, membre de la légion-d'honneur; préfet de police, chargé du 4e. arrondissement de la police générale de l'empire; conseiller d'état nommé par l'empereur; nommé par le Roi directeur général des ponts et chaussées de France, le 22 mai 1814; conseiller d'état, service extraordinaire; et enfin garde des sceaux, ministre de la justice, et chargé par *intérim* du département de l'intérieur en 1815.

PASTORET (Emmanuel-Claude-Joseph-Pierre), né à Marseille en 1756, fut avocat avant la révolution, conseiller à la cour des aides de Paris, membre de l'académie des inscriptions et belles-lettres, historiographe de France, etc., etc. Louis XVI le nomma ministre de l'intérieur en septembre 1790; mais il occupa peu de tems le ministère, et fut élu successivement, le 30 janvier 1791, président du département de Paris; le 14 février, procureur syndic du même département; le 3 septembre, député de Paris à la législature, et le 3 octobre, président de cette assemblée. Ayant survécu au règne de la terreur, il fut en 1795, député du Var au conseil des Cinq-Cents; porté un des premiers sur la liste de déportation dressée le 5 septembre 1797, il échappa à l'exil de Cayenne, et fut rappelé en 1799, par les Consuls. En 1804, il devint professeur du droit de la nature et des gens, au collège de France; membre de l'institut; admis au sénat le 14 décembre 1809; admis à la chambre des pairs du Roi, le 4 juin 1814; comte de l'empire; officier de la légion-d'honneur, nommé par le Roi le 8 janvier 1815; et conseiller au conseil royal de l'instruction publique, le 17 février de la même année.

Ceux qui voudront connaître une partie des opinions de M. Pastoret, pourront recourir au rapport qu'il fit au sénat, en février 1813, au sujet d'un projet de sénatus-consulte proposé par l'empereur.

M. Pastoret est connu par plusieurs ouvrages estimables, qui prouvent que la conduite d'un écrivain n'est pas toujours conséquente à ses principes.

PELET (Jean), de la Lozère, né le 23 février 1759; avocat au parlement; conseiller politique; commissaire aux états du pays; fut depuis la révolution, officier dans la garde nationale; maire; président du département du Gard; député à la Convention; réélu au conseil des Cinq-Cents. Après la révolution du 18 brumaire, il fut nommé préfet du département de Vaucluse, puis conseiller d'état en septembre 1802; et en 1803, membre du consistoire de l'église réformée a Paris. Comte de l'empire; commandant de la légion-d'honneur; commissaire extraordinaire dans la 9.e division militaire à Montpellier, pour l'empereur, en décembre 1813; conseiller d'état au conseil du Roi, le 4 juillet 1814; conseiller d'état, section de l'intérieur, présidé par Napoléon, le 25 mars 1815.

PÉRIGNON (D.-C.), né à Toulouse, exerçait les fonctions de juge de paix à Montech, lorsqu'il fut nommé en 1791 député de la Haute-Garonne à la législature; ayant embrassé ensuite la carrière militaire, parcouru rapidement les grades inférieurs, il commanda en chef l'armée des Pyrénées-Orientales en 1794 et 1795. A la fin de 1795, il fut nommé ambassadeur à Madrid, et signa, le 19 août 1796, à St.-Ildephonse, un traité d'alliance offensive et défensive entre la France et l'Espagne. En mars 1801, il devint sénateur; et en 1804, il fut pourvu de la sénatorerie de Bordeaux. Peu de tems après, il fut élevé à la dignité de maréchal de France, et décoré du cordon rouge le 1.er février 1805; gouverneur de Naples en 1810. Nommé par le Roi, le 31 mai 1814, président de la commission qui devait constater les titres, brevets, lettres de service des anciens officiers de l'armée des émigrés; chevalier de l'ordre royal et militaire de St.-Louis le 1.er juin 1814, et pair de France le 4 du même mois.

PERSUIS, compositeur de musique, chef de l'orchestre de l'Opéra; en 1807 fit la musique de l'opéra le *Triomphe de Trajan*, pièce, où sous une allégorie ingénieuse, les victoires et un trait de clémence de sa majesté, l'empereur et roi étaient célébrés. En 1814, il retoucha la même pièce, de concert avec M. Vieillard pour l'adapter, sinon aux circonstances, du moins pour la rendre agréable au Roi, qui le fit surintendant et maître de musique de sa chapelle.

En 1815, au retour du Roi de Gand, M. Persuis céda sa place à M. Plantade.

PETIT-RADEL (Louis-Charles-François), membre de l'Institut, nommé par l'empereur conservateur de la bibliothèque Mazarine, en mars 1808; et par le Roi membre de la légion-d'honneur et administrateur de la même bibliothèque, en remplacement de M. Palissot, le 15 juin 1814.

On doit à ce savant littérateur la rédaction latine, en style lapidaire, des fastes de sa majesté l'empereur et roi, qui furent inscrits, en 1807 sur les panneaux de la salle de l'Hôtel-de-Ville de Paris, pour une fête qu'on donnait à Napoléon.

Cette seule pièce suffit pour immortaliser M. Petit-Radel.

PICARD (Louis-Benoît), ancien comédien, d'abord directeur du théâtre de Louvois, ensuite directeur du théâtre de l'impératrice à l'Odéon; directeur de l'académie impériale de musique; directeur de l'académie royale de musique; directeur de l'académie de musique, redevenue impériale; puis directeur....

L'empereur lui avait donné une pension pour sa comédie des *Marionnettes*, et son agrément pour sa réception à l'Institut. M. Picard, le 15 juin 1814, n'eut pas moins l'honneur d'être présenté au Roi, et d'offrir à S. M. un exemplaire de son théâtre.

Nous avons un traité en latin, *De infelicitate litteratorum*, du malheur des gens de lettres, qui ne regarde point M. Picard et nos auteurs modernes; car la révolution a été pour eux un stimulant qui les a poussés dans le temple de la fortune. Un auteur riche était jadis un phénomène; aujourd'hui ce n'est plus la même chose : Apollon et Plutus se sont reconciliés, et vivent dans la meilleure intelligence.

PICTET-DIODATI, génevois, membre de l'administration du département du Léman, fut nommé, en décembre 1799, au corps législatif, et entra, après la révolution du 18 brumaire an 8 (9 novembre 1799), au tribunat; depuis inspecteur général de l'Université impériale, chevalier de l'empire, membre de la légion-d'honneur; inspecteur général, conseiller ordinaire de l'Université royale de France.

PIIS (Antoine-Pierre-Augustin, chevalier de), écuyer; secrétaire-interprète de monseigneur le comte d'Artois, en 1787; membre du bureau central sous le gouvernement directorial; secrétaire général de la police sous la république consulaire et l'empire; maintenu dans cette place par le Roi en 1814; nommé par l'empereur archiviste dans la même administration, le 31 mars 1815; redevenu secrétaire général de la police pendant quelques jours, puis.... M. Piis est le véritable poëte des circonstances; il chante tour-à-tour, et sans tirer à conséquence, le Roi, l'assemblée constituante, le régime de Robespierre, le gouvernement directorial, l'empereur, le Roi, puis l'empereur et le Roi ; qu'on ne s'imagine pas qu'il attache à toutes ses chansons beaucoup de prix ; il ne voit que le moment présent, ne se souvient pas du passé, et ne veut jamais prévoir l'avenir : c'est un de ces esprits dont la mobilité est l'essence, et le changement un besoin. Nous n'opposerons point, à l'aide de citations, M. Piis royal, à M. Piis républicains à M. Piis directorial, à M. Piis impérial, à M. Piis royal, la tâche serait trop longue ; nous renvoyons, pour le tout, à ses œuvres, 4 vol. in-8°., à tous les recueils littéraires, et aux journaux du temps, etc.

PLANARD, en 1810 et années suivantes, employé aux archives du conseil d'état ; en 1814, employé aux archives de la chancellerie de France, chez S. Exc. M. d'Ambrai.

Les occupations sérieuses de M. Planard ne l'ont pas empêché de composer un *dialogue* représenté sur le théâtre de l'Odéon, le 29 mars 1810, à l'occasion du mariage de S. M. l'empereur avec Marie-Louise, archiduchesse d'Autriche, et de faire jouer pour la première fois à Paris, sur le théâtre de l'Opéra-Comique, le 30 avril 1814, un opéra de sa façon, en un acte et en prose, intitulé : *les Héritiers Michau*, ou *le Moulin de Lieursain*, dans lequel M. Planard manifeste son amour et son attachement à ses légitimes souverains :

    Sus l'dôme du palais.
    Le drapeau blanc s'agite.
    Comm' le cœur des Français,

En le voyant palpite !
Chacun s'dit à-la-fois :
Vivent, vivent nos Rois !
C' drapeau de bon augure
Nous dit sans écriture :
    Prospérité,
    Tranquillité,
    Franche gaîté,
Le bonheur, la paix, l'union,
Tout ça r'vient avec un Bourbon.

Comme auteur dramatique, on ne peut donner que des éloges à M. Planard ; il n'en mérite pas moins pour ses dédicaces, qu'il sait varier à merveille, suivant les temps, les lieux et les circonstances. Nous citerons pour exemples :

1°. Celle adressée à S. A. S. monseigneur le prince duc de Parme, archi-chancelier de l'empire, en tête de la *Nièce supposée*, comédie en trois actes et en vers, de l'imprimerie de Doublet, 1813.

2°. Une autre à S. A. R. Monsieur, comte d'Artois, lieutenant-général du royaume, qui accompagne les *Héritiers Michau*, pièce qui se vend ou se trouve chez Vente, libraire, boulevard des Italiens, n°. 7 ; Paris, 1814, in-8°.

PLANTADE (C.-H.), compositeur dramatique, professeur de chant et de piano ; en 1813, de l'Académie impériale de Musique et du Conservatoire, et de la musique particulière de la reine Hortense. Cette princesse le fit nommer maître de chapelle de Louis Napoléon, roi de Hollande, comte de Saint-Leu. En 1814, de l'Académie royale ; en 1815, le 20 mars, de l'Académie impériale. Aujourd'hui, M. Plantade est chef de la chapelle royale, à la place de M. Persuis.

Une *scène lyrique imitée d'Ossian*, mise en musique par M. Plantade, lui valut la croix d'honneur.

PONTÉCOULANT (le marquis de), ancien major des gardes-du-corps; membre de l'assemblée constituante; préfet de la Dyle après le 18 brumaire an 8; *sénateur-pair* le 12 pluviôse an 13; *pair-sénateur* le 4 juin 1814.

Indépendamment de toutes ces places ou dignités, M. le marquis de Pontécoulant était comte de l'empire, commandant de la légion-d'honneur; commissaire extraordinaire de l'empereur dans la vingt-cinquième division militaire, à Liége, en 1813, et en dernier résultat, commissaire extraordinaire de Napoléon dans la dixième division militaire, en avril 1815; pair de France par l'empereur le 4 juin 1815.

PORTALIS, fils de J.-E.-M. Portalis, ministre des cultes sous Napoléon, suivit quelque temps la carrière diplomatique, et fut envoyé d'abord comme premier secrétaire de légation à Berlin. En 1804, il passa à Ratisbonne en qualité de ministre plénipotentiaire de France; et en juillet 1805, devint secrétaire général du ministère des cultes; conseiller d'état de l'empereur; directeur général de l'imprimerie et de la librairie en 1810, membre de la légion-d'honneur; président de la Cour impériale d'Angers; officier de la légion-d'honneur nommé par le Roi le 23 août 1814; président de la Cour royale d'Angers, et conseiller d'état, service extraordinaire, le 4 juillet suivant; aujourd'hui......

PRADT (Dominique), né à Allanches, département du Cantal; en publiant, au mois d'août 1815, l'*Histoire de son ambassade dans le grand-duché de Varsovie*, vient de prouver que l'esprit de l'Evangile n'a pas toujours dirigé ni sa plume, ni son cœur; on sait que sacré, le 2 février 1805, il devint archevêque de Malines, le 12 mai 1808, aumônier ordinaire de l'empereur et officier de la légion-d'honneur. On sait aussi que ce prélat prononça, en 1811, à Notre-Dame de Paris, pour l'anniversaire du couronnement de Napoléon, un discours où l'on reconnait tout-à-la-fois le bas flatteur et le vil courtisan, mais où se trouve en même temps l'éloge le plus honorable de nos armées; en voici un fragment :

« La victoire ne s'est arrêtée pour lui qu'aux lieux
» où finit pour nous l'univers. Elle le suivra partout où
» il portera ses pas avec vous, superbes légions de la
» France, guerriers magnanimes, dont les bras redor-
» tés forment autour de son trône et de notre patrie
» un rempart impénétrable; vous qui, formés de l'élite
» des enfans de cet empire, réunissant les vertus des
» guerriers et des citoyens, laissez loin derrière vous
» ce que Rome et la Grèce eurent de plus célèbre!
» Depuis vingt ans, et à jamais, vous avez fixé parmi
« nous la victoire qui, transfuge de nos drapeaux, s'at-
» tachait depuis un demi-siècle à ceux de nos ennemis;
» vous avez montré au monde surpris et tremblant ce
» que peuvent vos invincibles phalanges sous des chefs

» dignes de les guider. Si vous êtes sans rivaux dans la
» carrière des combats, vous n'êtes pas moins distingués
» par un genre de gloire qui, entre tous les guerriers,
» n'a encore appartenu qu'à vous seuls. Lorsque la dis-
» corde, agitant d'aveugles citoyens, changea nos
» cités et nos champs en arènes, teintes du sang fra-
» ternel, l'honneur de la nation parut réfugié tout
» entier sous vos drapeaux, comme dans son asile na-
» turel: détournant, en enfans respectueux, vos regards
» des égaremens de votre patrie, vous ne vîtes que ses
» dangers, vous n'écoutâtes que vos devoirs, vous cou-
» vrîtes à-la-fois ses remparts de vos corps, et ses
» erreurs de vos trophées! dévouement sublime, tribut
» admirable de fidélité et de tendresse, vous deviez
» enfanter des héros!.... Vous avez appris aux nations
» que les vertus endormies dans les palais, se ré-
» veillent sous les tentes!..... »

Ce que pensait M. de Pradt en 1811, n'était plus ce que pensait l'archevêque en 1815, comme on pourra s'en convaincre en lisant la brochure que nous avons citée en tête de cet article, et à laquelle nous renvoyons, pour mettre le public à même d'apprécier la versalité des opinions de l'ex-ambassadeur.

En 1814, M. de Pradt fut nommé par le roi chevalier de la légion-d'honneur.

PROPIAC (Gérard), historien et littérateur, fait trêve quelquefois à ses graves occupations, pour lancer dans le public de petites brochures relatives à la circonstance. Lors de la restauration de 1814, il publia *vox populi, vox Dei: la voix du peuple, la voix de*

Dieu, brochure qui fut suivie à la même époque, de celle intitulée : *Appel d'un Français à ses concitoyens*, rédigée dans le même sens que la première, et qui avait été précédée, dans les premiers mois de la même année, d'une compilation sous le titre de *Beautés de l'histoire militaire et moderne*, in-12, compilation consacrée en partie à la gloire de l'empereur.

Q.

QUINETTE DE ROCHEMONT, avec peu de moyens, est parvenu à jouer un rôle dans le cours de la révolution; député de l'Ain à la convention nationale, il s'y signala par ses principes démagogiques. Ce fut lui qui, à la première séance de cette assemblée, Collot-d'Herbois ayant demandé qu'on déclarât que la base immuable des opérations de ladite assemblée, fût l'abolition de la royauté, prit la parole et dit :

« Cette déclaration ne signifierait rien dans la nais-
» sance d'une société. Déjà nous avons fait serment de
» combattre jusqu'à la mort les rois et la royauté ; ce
» serment doit suffire. Ici, comme représentant du
» peuple, j'oublie le passé ; je dois oublier tout ce qui
» existait avant nous. Ce n'est pas la royauté que nous
» avons à juger; c'est Louis XVI, qui a été un instant
» sur le trône, et qui a manqué de faire périr la
» nation, la liberté et l'égalité. »

Sans nous arrêter sur sa carrière révolutionnaire, nous dirons qu'il devint baron d'empire, membre de la légion-d'honneur, conseiller d'état nommé par l'empereur, etc., etc., et que le 11 avril 1814, il déclara et signa son adhésion à tous les actes du sénat et du gouvernement provisoire, et au rétablissement de l'auguste famille des Bourbons. Le 4 juillet 1815, il fut nommé pair de France; depuis.....

R.

RAMPON commença à servir la république en 1793, en qualité d'adjudant-général à l'armée des Pyrénées, passa ensuite à l'armée d'Italie comme général de brigade. En novembre 1800, il fut nommé sénateur, obtint depuis la sénatorerie de Rouen; fut décoré du titre de grand-officier de la légion-d'honneur, de comte de l'empire, etc.; nommé par le roi pair de France le 4 juin 1814, et chevalier de Saint-Louis le 27 du même mois; pair impérial par Napoléon, le 4 juin 1815. C'était ce sénateur qui apposait toujours le premier sa signature au bas de tous les sénatus-consultes proposés par l'empereur, et toujours approuvés par le sénat.

RAPP, né en Alsace, était aide-de-camp du général Desaix, avec lequel il fit les campagnes d'Allemagne et d'Égypte. Après la mort de ce général, le premier consul le retint auprès de lui en la même qualité; en 1802 et 1803, il lui donna plusieurs missions importantes en Allemagne et en Suisse. En janvier 1806, il lenomma général de division, comte de l'empire, grand-officier de la légion-d'honneur. Nommé par le roi grand-cordon de ladite légion, et chevalier de l'ordre royal et militaire de Saint-Louis, commandant du premier corps de l'armée sous les ordres de S. A. R. le duc de Berry, le 15 mars 1815; nommé par Napoléon pair de France le 4 juin suivant, et commandant de la cinquième division militaire.

RAUZAN (l'abbé de), de tems immémorial chapelain de sa majesté l'empereur et roi, a toujours rempli ses fonctions avec un zèle et une ferveur dignes des plus grands éloges. M. l'abbé n'aspire point à des évêchés ou des archevêchés; pourvu qu'il soit chapelain, cela lui suffit; aussi le Roi qui connaissait le faible de M. l'abbé, le nomma chapelain par quartier, de sa chapelle; ayant eu l'honneur de prêcher devant S. M., M. de Rauzan a su employer toutes les figures de rhétorique propres à adoucir l'âpreté des vérités évangéliques.

I. REGNAULT (Michel-Louis-Etienne), né en 1762, ancien avocat à Saint-Jean-d'Angely, se montra d'abord attaché au parti populaire, et finit par se rapprocher du parti monarchique; il rédigea même, en sa faveur, un journal, le *Courrier de Versailles*. En 1796, il suivit le général Bonaparte en Italie, et rédigea un journal à Milan; il accompagna ensuite le même général à Malte, et fut nommé, en décembre 1799, membre du conseil d'état, section de l'intérieur; président de la classe de littérature de l'institut, en avril 1804; au mois de juillet de la même année, procureur général impérial de la haute-cour, et grand-officier de la légion-d'honneur; ministre d'état; secrétaire d'état de la famille impériale, etc., etc. C'était lui qui, sous le nom d'*orateur du gouvernement*, était chargé par Napoléon d'aller dire au sénat : *mon maître veut ou demande telle chose ; signez*. La tâche serait trop longue de citer tous les discours de ce conseiller d'état, dont la langue ne se déliait que pour demander une levée de 300,000 hommes, ou pour proposer quelques mesures désastreuses. Nous renvoyons au *Moniteur*, qui a rapporté toutes les *carmagnoles impériales* de cet avocat.

M. Regnault n'était pas avare de louanges, et il les prodiguait à Napoléon avec une bassesse dont on trouve peu d'exemples ; aussi fut-on surpris de le voir, en novembre 1814, présider l'institut, lors de la réception de M. Campenon, et dire :

« M. l'abbé Delille ne s'est jamais abaissé jusqu'à
» la flatterie du *pouvoir*, et il s'est élevé jusqu'à la
» flatterie du *malheur*. .... »

Le journaliste ajoute :

« Ce qui a été couvert d'applaudissemens à cette
» même séance de l'institut, ce fût l'éloge du Roi, que
» M. Regnault prononça, et qu'il mit avec adresse dans
» la bouche du poète de la *Pitié*. Dans cet éloge déli-
» catement amené, on ne savait si on devait être
» plus étonné, ou du talent de l'écrivain, ou de l'en-
» tendre prononcer par lui-même un éloge auquel il
» n'était pas accoutumé, et dont il pouvait si facile-
» ment se dispenser. »

Le 4 juin 1815, M. Regnault fut nommé membre de la dernière chambre des représentans.

Dernièrement, il s'est embarqué pour les États-Unis

d'Amérique, où il se prépare à solliciter une place d'orateur au congrès.

II. REGNAULT-WARIN (J.-J.), né à Bar-sur-Ornain, le 25 décembre 1774, vint à Paris, où il se fit homme-de-lettres, et inonda le public de ses productions littéraires, morales et politiques. Une *Introduction philosophique à l'histoire de la révolution de 1789*, apprit à l'univers que ce jeune homme serait un jour un grave historien, et marcherait dignement sur les pas de M. La Cretelle (voy. La Cretelle) Des *Élémens de politique*, que l'on peut appeler le bréviaire des ministres et des diplomates, succédèrent à ce premier ouvrage, et furent suivis d'un *Éloge de Mirabeau*, de *Conseils au peuple*, etc., etc.

Mais l'ouvrage de ce littérateur qui fit le plus de bruit, et qui, cependant, n'en méritait pas la peine, fut le *Cimetière de la Magdelaine*, excellent par le motif qui l'avait dicté, mais détestable par le plan et le style boursouflé avec lequel il était écrit. Dans cette production, on crut entrevoir l'opinion de M. Regnault sur la dynastie des Bourbons, dynastie à laquelle il semblait attaché; opinion étayée par les *Prisonniers du Temple*, 3 vol. in-12.

Les apparences sont trompeuses. M. Regnault-Warin, séduit par les victoires de Napoléon, a tourné tout-à-coup de son côté ;

. . . . . *Quantùm mutatus ab illo.*

et a écrit en faveur du plus fort. Les brochures qu'il a publiées en faveur de sa nouvelle opinion, se trouvent chez Plancher, libraire à Paris, rue Serpente, qui en peut fournir un assez grand nombre qui lui restent en magasin.

REILLE, général de division; comte de l'empire; commandant de la légion-d'honneur, nommé par l'empereur; grand-officier de la même légion, nommé par l'empereur, le 29 juillet 1814; chevalier de l'ordre royal et militaire de Saint-Louis; pair de France, nommé par Napoléon, le 4 juin 1815.

RENDU (Ambroise), conseiller ordinaire et inspecteur général de l'université impériale; nommé inspecteur des études, le 17 février 1815, par le Roi qui, à son retour l'appela aux fonctions de secrétaire-général de la préfecture. M. *Rendu* est un personnage qui se *rend* facilement, lorsque l'on ne compromet pas toutefois ses intérêts.

ROGER-DUCOS, député du département des Landes à la convention nationale, membre du conseil des anciens, était juge de paix à Dax, et en exerçait les fonctions, lorsqu'il fut élu directeur, le 19 juin 1799, place qu'il conserva jusqu'au 9 novembre de la même année, sans paraître avoir aucune influence, et devint, sans trop savoir pourquoi, troisième consul. Lors de la mise en activité de la constitution consulaire, il entra au sénat conservateur. En 1804, il obtint la sénatorerie d'Orléans et le titre de grand-officier de la légion-d'honneur.

M. Roger-Ducos avait précédemment juré *fidélité* à la république, et *haine* à la royauté; cependant, malgré sa *fidélité* à la république et sa *haine* à la royauté, il n'en signa pas moins la déchéance de

Napoléon, en appelant au trône de France, Louis-Stanislas-Xavier de France, et les autres membres de la maison des Bourbons.

ROMAGNESI, sculpteur, rue de la Tour-d'Auvergne, n°. 10, n'a pas cru être plus répréhensible que plusieurs de ses confrères en exposant,

Le 1er. novembre 1812, au *Musée Napoléon*, sous le n°. 1134, de la notice.

Minerve protégeant l'enfance de S. M. le Roi de Rome;

Et le 1er. novembre 1814, au *Musée Royal des Arts*, sous les nos. 1133 et 1134, de la notice :

Les bustes du Roi et de S. A. R. Monsieur.

I. ROUEN (D.-A.), notaire à Paris, chevalier de l'empire, maire du 2e arrondissement de la capitale, chevalier de la légion-d'honneur ; maintenu maire du même arrondissement par le Roi, qui lui accorda des lettres de noblesse le 18 décembre 1814, n'en vint pas moins, le 25 mars 1815, avec le corps municipal de la ville de Paris, *saluer l'empereur de nouvelles protestations de son respect, de son admiration, de son amour et de sa fidélité.*

II. ROUEN DES MALLETS, fils du précédent, auditeur au conseil d'état, ci-devant intendant d'une des provinces illyriennes ; préfet d'Avignon en 1813, où il fut conservé par le Roi en 1814 ; nommé par l'empereur à la préfecture d'Agen, le 6 avril 1815. Tel père, tel fils.

ROUGEMONT, auteur de mélodrames, de comédies, de vaudevilles, de chansons, est une espèce de providence pour certains théâtres de la capitale, et pour la *Quotidienne*, où de tems à autre, il jette quelques articles économico-politico-littéraires.

M. Rougemont fit jouer, en 1810, au théâtre de l'Impératrice ou de l'Odéon, *la Fête impromptue*, comédie en un acte et en prose, pièce de circonstance, à la louange de Napoléon et à l'occasion de sa fête. Dans la même année, on représenta *le Mariage de Charlemagne*, pièce en un acte et en vers, pleine d'allusions au mariage de l'Empereur.

Comme cet auteur dramatique a l'humeur un peu versatile, il donna aux Variétés, *Jeanne Hachette* ou *le Siège de Beauvais*, vaudeville qui finit par le couplet suivant :

> Un roi, dans sa noble audace,
> A dit : Français, armons-nous !
> Sur mon corps il faudra qu'on passe
> Pour arriver jusqu'à vous.
> Ses sentimens sont les vôtres,
> Et nous dirons aujourd'hui :
> On passera sur les nôtres,
> Pour arriver jusqu'à lui.

Dans la même année, il fit représenter au même théâtre, un vaudeville intitulé : *le Souper d'Henri IV*, ou *la Dinde en pal*.

On a encore de M. Rougemont la chanson intitulée, *vive Bourbon*, en cinq couplets, qui est si généralement connue, que nous croyons superflu de la rapporter ici.

I. ROYER-COLLARD, avant 1814, doyen de la

faculté des lettres, et professeur dans trois ou quatre chaires en différens établissemens; nommé par le Roi directeur général de l'imprimerie et de la librairie, en mai 1814, et conseiller d'état, service extraordinaire, le 4 juillet suivant. En mars 1815, M. Royer-Collard cesse d'être conseiller d'état et directeur de la librairie; mais il n'en conserve pas moins ses autres places.

II. ROYER-COLLARD, ex-oratorien, médecin en chef de l'hospice de charenton, inspecteur général et conseiller ordinaire de l'université impériale, adressa, le 2 août 1814, à la tête des médecins de Paris, à Louis XVIII, un petit discours qui lui valut la croix-d'honneur, le 18 du même mois, et le titre de conseiller au conseil royal de l'instruction publique, avec un traitement modeste de 12,000 francs par an, le 17 février 1815.

S.

SAINTE-SUZANNE-BRUNETEAU, sous-lieutenant au régiment d'Aujou, infanterie, avant la révolution, devint sous la république, adjudant-général, général de brigade en 1793, et quelque tems après, général de division; conseiller d'état le 20 juillet 1801, et sénateur en mai 1804; grand-officier de la légion-d'honneur; bénéficier de la sénatorerie de Pau; nommé pair-sénateur par le Roi le 4 juin 1814, et chevalier de l'ordre royal et militaire de Saint-Louis.

SALGUES (J.-B.), ancien professeur de rhétorique

à Sens, un des collaborateurs du *Journal de Paris*, mérite une place distinguée parmi ces esprits légers qui, dépourvus de caractère, ou changeant par caprice ou par intérêt, écrivent sur les événemens du jour, sans trop s'embarrasser des reproches qu'on peut leur faire de la versalité de leurs plumes.

Le 18 mars 1815, M. Salgues donna, dans le *Journal de Paris*, un lambeau de prose dans lequel, après s'être déchaîné vivement contre Bonaparte, il se résume de la manière suivante :

« Français ! la justice, la sagesse, la bienfaisance
» se sont assises sur le trône avec votre roi ; ses con-
» quêtes sont celles des cœurs, son ambition le bon-
» heur de ses peuples, ses sentimens l'amour de ses
» sujets. Il est le descendant de vos rois, l'autre est
» un étranger ; il règne par les lois, l'autre régnait
» par le fer ; il est votre père, l'autre était votre op-
» presseur ; il vous a donné la paix et une constitution
» libre, l'autre nous a donné tous les fléaux de la
» guerre et de la tyrannie. Français ! c'est entre le bien
» et le mal, entre Louis XVIII et Bonaparte que vous
» avez à choisir. »

Dix jours après le retour de Napoléon, le 1er. avril 1815, M. Salgues, dans ce court espace de tems, ayant changé d'opinions et de sentimens, fait une critique sanglante du gouvernement de Louis XVIII, qu'il termine ainsi :

« Enfin, quand il n'est plus tems, quand le mal
» est à son comble, quand l'édifice s'écroule de toutes
» parts, on commence à sentir les fautes qu'on a

» commises ; on cherche, mais trop tard, à réparer
» le mal qu'on a fait ; et comme on paraît n'obéir qu'à
» la nécessité, on perd jusqu'au mérite du repentir ;
» on se retire avec l'indignation des gens de bien, la
» haine des victimes qu'on a blessées, et le mépris de
» tous. »

SAMBUCY (l'abbé de Saint-Estève), chanoine honoraire d'Amiens, non-content du *salvum fac Napoleonem* qu'on chantait dans toutes les églises de France, a composé un *oremus* pour l'empereur, que nous transcrivons ici pour l'édification de tous les fidèles :

PRO IMPERATORE.

Quæsumus, omnipotens Deus, ut famulus tuus Napoleo, imperator noster, qui tuâ miseratione suscepit imperii gubernacula, virtutem etiam omnium percipiat incrementa, quibus decenter ornatus, vitiorum monstra devitare, hostes superare, et ad te, qui veritas et via est, gratiosus valeat pervenire.

Mais où se trouve cette oraison, nous dira-t-on ? Où ? dans la *Journée pratique du Chrétien, ou Conduite chrétienne pour tous les âges*, pag. 345, qui se vend à Paris, chez l'éditeur, rue Garancière, n°. 6, près Saint-Sulpice. (De l'imprimerie de Mame frères, 1808.)

Cet abbé, un peu brouillon de son naturel, voulut établir des couvens à Amiens. On ne le laissa pas faire, et on crut à propos de le conduire lui-même, en 1812, au ci-devant couvent de Sainte-Pélagie, pour expier quelques pieuses erreurs.

Mais l'abbé, pour qui la tranquillité est un tourment, parvint à se faire choisir, en qualité de conseiller de l'ambassade extraordinaire de S. M. très-chrétienne auprès de Sa Sainteté, pour accompagner l'ambassadeur, M. Courtois de Pressigny, ancien évêque de Saint-Malo, et partit pour Rome le 7 juillet 1814.

SAMBUCY (Gaston de), frère du précédent, et moins remuant que lui, devint néanmoins, en 1811, maître des cérémonies de la chapelle de l'empereur, et en 1814, remplit les mêmes fonctions dans la chapelle du roi, sous le nom de l'abbé de Sambucy.

Ces petits rapprochemens suffisent pour prouver qu'il est indifférent, à certains individus, de crier alternativement : *Vive le roi! vive la ligue!*

SARRAZIN, général français, commandant de la légion-d'honneur, employé dans l'expédition d'Irlande, en 1798, passa ensuite à l'armée d'Italie, où il fut blessé à la bataille de la Trébia. Après la paix d'Amiens, il fit partie de l'expédition destinée contre Saint-Domingue, et revint en France en 1804. A la fin de 1805, il se signala sous les ordres d'Augereau, dans la campagne d'Allemagne. Admirateur de Bonaparte en 1804, et son détracteur en 1811, il a publié :

1°. Le *onze Frimaire*, ou *Discours analytique de la vie, des exploits mémorables et des droits de Napoléon Ier. à la couronne impériale*, prononcé à Saint-Paul-de-Léon; suivi d'un *Précis historique du sacre et du couronnement de Sa Majesté Napoléon Ier*. 1804.

2°. *Confession du général Bonaparte à l'abbé*

Maury; Londres, 1811, in-8°. (Le général Sarrazin ayant quitté subitement la France et abandonné ses drapeaux, avait passé en Angleterre.)

3°. *Histoire de la Guerre d'Espagne et du Portugal*, 1814, in-8°.

Verba volant, scripta manent, dirons-nous au général Sarrazin, en lui conseillant de tourner sept fois sa plume entre ses doigts, avant de la laisser courir sur le papier.

SAULNIER, ancien préfet de la Meuse, baron de l'Empire, membre de la légion-d'honneur, secrétaire du ministre de la police, nommé par l'empereur; puis secrétaire-général de la police du royaume sous le roi, en 1814; réemployé comme secrétaire-général du ministère de la police, sous Napoléon, le 25 mars 1815.

SAUR, comte de l'Empire, membre de la légion-d'honneur; admis au sénat-conservateur le 30 vendémiaire an 13, donne son adhésion, le 6 avril 1814, à la déchéance de Napoléon, et appelle Louis-Stanislas-Xavier de France, et les autres membres de la maison de Bourbon, au trône de France.

SAUVO (N.), né en 1772, rédacteur en chef du *Moniteur*, alternativement censeur impérial et censeur royal.

La rédaction du *Moniteur* ne compromettra jamais M. Sauvo : les sous-rédacteurs sont si prolixes et si ennuyeux, que le venin qu'ils pourraient distiller s'annihilerait dans cet amas de phrases et de mots dont ils surchargent les colonnes de ce journal.

SÉDILLEZ (M.-L.-E.), homme de loi et administrateur du district de Nemours, membre du tribunal de cassation en 1791, député à la législature, et en 1798, au conseil des anciens; après la révolution du 18 brumaire, membre du tribunat, dont il sortit en 1804, et nommé inspecteur-général des écoles de droit à la fin de la même année; membre de la chambre des députés; inspecteur-général et conseiller ordinaire de l'université royale de France; inspecteur-général des études par le roi, le 17 février 1815.

SÉGUIER (Antoine-Jean-Mathieu), né le 21 septembre 1768, fils du célèbre Antoine-Louis Séguier, avocat-général au parlement de Paris, servit comme officier de cavalerie dans l'armée de Condé, devint ensuite commissaire du gouvernement près les tribunaux de Paris, et en 1802, fut nommé président de la cour d'appel. Baron de l'Empire, commandant de la légion-d'honneur, maître des requêtes, service extraordinaire; premier président de la cour impériale de Paris; conseiller-d'état, service extraordinaire, nommé par le roi; premier président de la cour royale de Paris.

Ceux qui voudront connaître le thermomètre des opinions de M. Séguier, peuvent consulter le *Moniteur* du 24 janvier 1809, et le *Journal des Débats* du 6 mai 1814.

SÉGUR l'aîné (Louis-Philippe de), né le 10 septembre 1756, était fils du marquis de Ségur, maréchal de France et membre de l'assemblée des notables. Envoyé, en 1783, en qualité d'ambassadeur de France à Pétersbourg, il signa, en 1787, avec les ministres russes ; un traité de commerce qui assurait à la France tous les avantages dont jusqu'alors les Anglais avaient joui exclusivement. En 1789, il fut nommé député-suppléant de la noblesse de Paris aux états-généraux, y fut appelé en juillet 1791, donna sa démission, et dans la même année, fut envoyé comme ambassadeur auprès de Pie VI, qui ne voulut pas le recevoir. En janvier 1792, ambassadeur à Berlin, il fut alors forcé, par les événemens de la révolution, à rester chez l'étranger. Après le 18 brumaire, en mai 1801, appelé au corps-législatif, il s'y prononça, en mai 1802, pour la prolongation à vie du consulat de Bonaparte. Au commencement de janvier 1803, il passa du corps-législatif au conseil-d'état, section de l'intérieur. L'institut national se l'attacha aussi comme membre de la classe de littérature ; il en fut élu vice-président le 28 mars 1804, et président deux mois après. Le 18 juillet suivant, il fut pourvu de la charge de grand-maître des cérémonies de France, et décoré du cordon rouge le 1er. février 1805 ; comte de l'empire, grand-aigle de la légion-d'honneur, grand-officier civil de la couronne, commissaire extraordinaire de S. M. l'empereur et roi dans la 18e. division militaire. C'est lui qui disait naïvement en 1809 :

« Quelle louange donner à un tel monarque, lorsque
» le simple récit des faits est au-dessus de tout éloge ;
» lorsque sa rapidité est telle, que la renommée a
» peine à le suivre ? »

Lors de la rentrée de Louis XVIII en France, M. Ségur passa sous ses anciens maîtres, et fut nommé par le roi pair de France, le 4 juin 1814; nommé par Napoléon pair de France, le 4 juin 1815.

M. de Ségur est un homme universel; historien, politique, auteur dramatique, poëte: il a écrit sur presque toutes les matières, et toujours avec succès.

SÉMONVILLE (Huguet de), ancien conseiller au parlement de Paris, s'attacha au parti populaire, et fut nommé, en 1792, ministre de France près la république de Gênes.

En mai 1793, le comité de salut public s'étant décidé à l'envoyer, en qualité d'ambassadeur extraordinaire près la cour ottomane, M. de Sémonville se mit en route, et fut arrêté le 25 juillet par les Autrichiens, lorsqu'il traversait les Ligues Grises, conduit au château de Milan et ensuite à Mantoue. Le 31 mai 1794, il fut transporté à Custrin, et il y resta jusqu'au 6 novembre 1795, époque à laquelle il fut échangé avec plusieurs autres personnages, contre la fille de Louis XVI. Après le 18 brumaire, il fut nommé à l'ambassade de Hollande, où il se rendit en janvier 1800, et où il resta jusqu'en février 1805. Il entra alors au sénat-conservateur, et devint successivement commandant de la légion-d'honneur, comte de l'empire, commissaire de l'empereur à Bourges, en 1814; pair de France, par le roi, le 4 juin de la même année, et grand-officier de la légion-d'honneur, etc., etc.

SERRURIER, général français, né à Laon d'une famille bourgeoise, se signala par de grands succès dans la guerre d'Italie, sous Bonaparte, et fut nommé, en septembre 1798, inspecteur-général de l'infanterie.

Après le 18 brumaire, il entra au sénat conservateur au commencement de 1802; et le 17 septembre 1803, il en devint préteur, puis gouverneur des Invalides; le 25 avril 1804, maréchal de France, décoré du cordon rouge, le 1er. février 1805, et le 24 février 1806, de la grande croix de l'ordre italien de la couronne de fer.

Maintenu par le Roi dans son gouvernement des Invalides, en 1814, remaintenu par l'empereur en 1815. Le maréchal est encore aujourd'hui gouverneur des Invalides, et le sera toujours, parce qu'il ne peut vivre que pour et par les Invalides.

SÉVILLE (Armand), un des collaborateurs du *Journal de Paris*, poète, chansonnier, a adopté depuis quelque temps, le mode de la stance, pour manifester ses sentimens sur les événemens publics. Lors de la naissance du roi de Rome, qui causa une joie indicible à M. Armand Séville, le poète composa cinq stances, pour célébrer cet événement, dont voici la plus saillante :

> Napoléon, monarque *auguste*,
> Adoré *de tous ses sujets*,
> Par son règne aussi doux que *juste*,
> Des méchans confond les projets ;
> Tel est *le prince que l'on aime*;
> Le vif éclat du diadême
> Le fait moins briller que son cœur ;
> Il ne compte pour ses trophées,
> Que nos discordes étouffées,
> Nos succès et notre bonheur.

Pour le retour du Roi, M. Armand Séville fit aussi

des stances, parmi lesquelles on distingua principalement ceci :

> Louis toujours grand, toujours *juste*,
> *Adoré de tous ses sujets*,
> Par son règne paisible, *auguste*,
> *Des méchans confond les projets*;
> Voilà *le* monarque qu'*on aime*;
> *Le vif éclat du diadême*
> *Le fait moins briller que son cœur;*
> Il ne compte pour ses trophées,
> Que nos discordes étouffées,
> Notre amour *et notre bonheur*.

On voit par ces citations, que M. Armand Séville compose des stances qu'il peut adapter à tous les sujets possibles : et que ses stances, à quelques mots près, pourraient servir pour le dey d'Alger ou un kan de Tartarie.

SIEYÈS (Emmanuel-Joseph), membre de toutes les assemblées; ambassadeur à Berlin; membre du directoire de la république française; consul provisoire; sénateur le 22 frimaire an 8; grand-officier de la légion-d'honneur; le 6 avril 1814, il appela avec ses collègues « Louis-Stanislas-Xavier de France, et » les autres membres de la maison de Bourbon, au » trône de France », et signa; nommé par Napoléon pair de France, le 4 juin 1815. M. l'abbé Sieyès, dans l'origine, agité par une ambition sourde, aurait bien voulu pousser plus loin ses vues; mais il rencontra dans son chemin, un Corse qui le fit trébucher dans toutes ses tentatives; l'abbé se voyant heurté à chaque pas, prit le parti de la retraite et du silence, sans exciter aucuns regrets, et sans espoir de voir réaliser ses desseins.

SILVESTRE DE SACY (Antoine-Isaac), avant la révolution, membre de l'académie des inscriptions et belles-lettres; depuis membre de l'institut, 3e. classe; chevalier de la légion-d'honneur, baron de l'empire, membre du corps-législatif, professeur au collége de France, pour le *persan*; professeur à l'école spéciale de la bibliothèque impériale, pour *l'arabe* vulgaire et littéral; membre de la chambre des députés; recteur de l'université royale de Paris, le 17 février 1815; censeur royal; bibliothécaire du cabinet du Roi.

Ce savant n'est pas tellement absorbé dans ses études, qu'il ne saisisse quelques momens pour songer à ses intérêts; l'argent est bon dans tous les temps, et vous donne presque toujours plus de considération que le savoir.

SOULT (Nicolas), avant la révolution, sous-officier dans un régiment d'infanterie, devint adjudant-major dans un bataillon des volontaires du Haut-Rhin, et ensuite adjudant-général, en 1794 et 1795, dans les armées de la Moselle et de Sambre-et-Meuse; nommé général de brigade en 1796, il passa en Italie, où il fit avec distinction la campagne de 1799, et devint l'un des généraux commandant l'infanterie de la garde des consuls; puis maréchal de France, grand-aigle de la légion-d'honneur, le 1er. février 1805, et créé chevalier de l'ordre de St.-Hubert de Bavière; et enfin duc de Dalmatie, commandeur de l'ordre royal et militaire de St.-Louis, le 24 septembre 1814; ministre et secrétaire d'état de la guerre, nommé par le Roi en décembre 1814; pair de France, nommé par Napoléon, le 4 juin 1815.

SPONTINI, musicien-compositeur, auteur de la musique de l'opéra de la *Vestale*, qu'il dédia à l'impératrice Joséphine, ce qui lui valut, de la part de l'empereur, suivant le *Journal de l'Empire*, du 23 février 1808, une somme de 6000 francs. Napoléon récompensait avec une générosité sans exemple tous les artistes italiens, qui, la plupart, ne se sont pas toujours montrés reconnaissans. En 1811, M. Spontini fut nommé directeur de la musique de la chapelle de l'empereur, et administrateur de l'opéra Séria et Buffa, d'où sa mauvaise gestion le fit renvoyer.

Il composa ensuite la musique de *Pelage* ou le *Bon Roi*, pièce de circonstance, à la louange du Roi et de madame la duchesse d'Angoulême, qui fut représentée à l'Opéra, le 23 août 1814. Nous ignorons ce qu'elle lui valut.

STASSART (Gosswin-Joseph-Augustin, baron de), membre de la société académique des sciences, lettres et arts de Paris, né à Malines, le 2 septembre 1780, vint à Paris à l'âge de 22 ans, suivit les cours de l'université de jurisprudence, y remporta le premier prix d'éloquence, en 1803, et celui de législation criminelle, en 1804. Nommé auditeur au conseil d'état, section de l'intérieur, au mois d'août de la même année, il fut chargé de diverses missions importantes: envoyé dans le Tyrol, en qualité d'intendant, en janvier 1806; il administra cette province pendant près de deux mois, et y reçut les témoignages les plus flatteurs des habitans et du roi de Bavière.

Devenu successivement membre, puis officier de la légion-d'honneur, sous-préfet d'Orange, préfet de Vaucluse, et ensuite des Bouches-du-Rhône, M. le baron de Stassart a sacrifié à *Moloch*, comme tous ses illustres confrères, et le tout pour se conformer au fameux adage du docteur Pangloss : *que tout est au mieux dans le meilleur des mondes possibles.*

En mai 1814, M. le baron devint chambellan de S. M. l'empereur d'Autriche. Rentré en France, à la fin de mars 1815, il partit avec les dépêches de Napoléon pour la cour de Vienne, et fut chargé de négocier la paix aux conditions du traité de Paris ; mais il ne put aller que jusqu'à Lintz.

M. le baron de Stassart, né avec des mœurs douces, avait chanté dans des idylles, les plaisirs de la vie champêtre. Son chalumeau avait fait résonner les montagnes et les forêts, du beau nom de sa bergère chérie; et tout-à-coup M. le baron, oubliant ses idylles, s'entre-mêle dans les affaires des potentats, et figure comme publiciste et diplomate.

O de l'esprit humain étrange aveuglement!

SUARD (Jean-Baptiste-Antoine), né à Besançon, et fils du bedeau de la cathédrale de cette ville, se livra à la littérature, vint à Paris et travailla à l'Encyclopédie ; fut nommé censeur royal, membre de l'académie française. Ayant embrassé avec modération le parti de la révolution, il fut proscrit au 18 fructidor, comme rédacteur des *Nouvelles politiques*; il se réfugia alors en Angleterre, et revint en France après le 18 brumaire. Ce fut alors qu'il devint successivement membre de l'institut, secrétaire perpétuel de la seconde classe, membre de la légion-d'honneur, nommé par l'empereur; officier de la même légion, nommé par le Roi le 25 novembre 1814; censeur royal honoraire.

I. SUCHET (L.-G.), né à Lyon, chef du 4e. bataillon de l'Ardèche, et successivement général de brigade et général de division, fit les guerres d'Italie et se signala en Suisse et en Allemagne, en Espagne. Inspecteur-général d'infanterie, grand-officier de la légion-d'honneur, gouverneur du palais impérial de Lacken, près de Bruxelles, grand-cordon de la légion-d'honneur, maréchal de l'empire, duc d'Abulfera, commandeur de l'ordre royal et militaire de Saint-Louis, le 24 septembre 1814. Le Roi le nomma gouverneur de l'Alsace et pair de France le 4 juin 1814; nommé par l'empereur pair de France, le 4 juin 1815, il revient au Roi le 24 août 1815.

II. SUCHET (G.-G.), frère du précédent, fut long-tems son aide-de-camp, et fit en cette qualité les campagnes d'Italie; nommé chef de bataillon en 1800, il quitta le service pour la place de directeur général des droits réunis à Rouen. Membre de la légion-d'honneur, administrateur général des tabacs en 1813, enfin maître des requêtes ordinaire du conseil du Roi, le 4 juillet 1814.

T.

TABOUREAU, chevalier de la légion-d'honneur; ex-intendant du trésor public dans les départemens au dela des Alpes; auditeur au conseil d'état, service extraordinaire; maître des requêtes ordinaire au conseil d'état du Roi, le 4 juillet 1814; auditeur au conseil d'état, au retour de l'Empereur.

TALAYRAT, de Brioude, est connu sur le parnasse français par des poésies fugitives, qui ont fait et font encore les délices des habitans de sa ville natale. Les grands événemens de la révolution ont aussi excité la verve de M. Talayrat, et sa chanson à *l'arbre de la liberté*, fera une époque mémorable dans nos annales. Qui ne serait électrisé à la lecture de ce couplet !

> Elève ta tête immortelle,
> Qu'elle plane à l'abri du tems !
> De cent orages menaçans
> Ta tige sortira plus belle.
> Crois chaque jour, crois sous nos yeux,
> Du bonheur gage précieux.

Et surtout de celui-ci :

> Lance sur nous tes vives flammes,
> Liberté, sainte liberté !
> Près de toi que l'égalité
> Ravisse et transporte nos âmes !
> Jurons, jurons mort aux tyrans ;
> Liberté, reçois nos sermens !

Si M. Talayrat en glissant encore dans ce couplet, *fraternité et la mort*, eût fait un tour de force admirable.

La *naissance du roi de Rome*, malgré les idées de *liberté* et *d'égalité* dont était nourrie l'âme de M. Talayrat, fut un sujet de la plus vive alégresse pour le poète de Brioude, qui s'écria :

Ainsi de ce héros la tige va fleurir ;
Ainsi de siècle en siècle on l'entend a bénir ;
Et des Napoléons la gloire et la puissance,
Régleront à jamais les destins de la France.

Jetez des fleurs, jetez sur l'auguste berceau :
Qu'un myrthe toujours vert, qu'un laurier toujours beau,
A ce fils du héros offrent leur doux ombrage :
Du bonheur des Français cet enfant est le gage.

M. Talayrat, qui est un poète infatigable, a donné en 1815, *les fastes de la France*, fragment d'un poème inédit, suivi de poésies diverses, in-8°.: le reste de l'ouvrage est attendu avec impatience.

TALLEYRAND-PÉRIGORD (Charles-Maurice) né à Paris en 1754, abbé de Celles et de Saint-Denis, nommé évêque d'Autun en 1788, sacré le 4 janvier 1789, fut député du clergé du bailliage d'Autun aux États-Généraux, et se réunit à la chambre des communes dès leur ouverture. Il joignait à des talens, une grande facilité de travail. Son nom, sa dignité, son exemple entraînèrent un assez grand nombre de curés. Ce fut lui qui provoqua la vente des biens du clergé, et soutint qu'elle était aussi juste qu'utile. Ce fut lui qui officia *pontificalement* sur l'autel de la patrie qu'on avait élevé au Champ-de-Mars, et fit la bénédiction des drapeaux qui devaient être remis aux différens départemens ; il appelait ces drapeaux, les *bannières sacrées de la liberté*. Ce fut encore lui qui, après avoir prêté serment à la constitution civile du clergé, assisté des évêques de Lyda et de Babylone, sacra les premiers évêques, dits constitutionnels ; démarche qui lui attira l'improbation de la cour de Rome, consignée dans un monitoire de Pie VI, du 17 avril 1791.

Après la session, M. de Talleyrand fut envoyé en Angleterre avec M. Chauvelin, comme négociateur privé, afin d'éloigner la guerre, et de ménager même un traité de paix et de commerce entre les deux nations. Ses efforts ayant été infructueux, et n'osant revenir en France à cause des troubles qui l'agitaient, ni rester en Angleterre, se trouvant compris dans l'application du bill contre les étrangers suspects, il passa, en 1794 dans les Etats Unis d'Amérique. Après le 9 termidor, il revint en Europe, et fit, en 1795, des démarches près du comité de salut public, pour obtenir la levée d'un decret d'accusation lancé contre lui, ainsi que sa radiation de la liste des émigrés ; et ces demandes lui ayant été accordées à la séance du 4 septembre, il retourna à Paris, y devint membre de l'institut national, et passa le 16 juillet 1795, au ministère des affaires étrangères, à la place de Charles Lacroix. Dès-lors il commença à acquérir une grande influence dans le gouvernement. Cependant il donna sa démission le 20 juillet 1899, c'est-à-dire environ un mois après l'installation de Sieyès au directoire, et fut un de ceux qui, avec Rhœderer, combinèrent la journée du 18 brumaire, après laquelle Bonaparte le rappela au ministère des relations extérieures, qu'il occupa jusqu'au 8 août 1807 Dans cet intervalle de temps, c'est-à-dire en juin 1802, à la suite du rétablissement public du culte catholique en France, le premier consul lui fit donner par le pape, un bref qui le rendait à la vie séculière, et qui autorisait son mariage avec madame Grant, indienne. L'empereur le nomma ensuite prince de bénévent, vice-grand-électeur de l'empire, grand-aigle de la légion-d'honneur ; il fut décoré d'un grand nombre d'ordres par les puissances étrangères.

Nommé le 1er. avril 1814, par le sénat, président de la commission chargée du gouvernement provisoire.

Nommé par le Roi ministre et secrétaire d'état des affaires étrangères, au mois de mai 1814, et pair de France le 4 juin suivant, etc., etc.; et en dernier résultat, chambellant de S. M. Louis XVIII.

TIOLLIER, graveur, hôtel des Monnaies, à Paris, a exposé au *Musée Napoléon*, en novembre 1810,

Un cadre renfermant plusieurs empreintes de l'effigie de S. M. l'empereur;

Au *Musée royal des Arts*, le 1er. novembre 1814, sous le n°. 1329 de la notice,

Un cadre renfermant deux empreintes du grand-sceau de S. M., et deux empreintes du contre-scel.

Le *Journal des Débats*, du 25 mai 1814, nous apprend aussi que M. Tiollier fut envoyé à cette époque à Compiègne, pour dessiner le portrait du roi, d'après lequel devaient être gravées les nouvelles monnaies. Qu'importent d'ailleurs à M. Tiollier quelles empreintes il fasse, pourvu qu'il grave. Il est attaché aux choses et non aux hommes; cela suffit pour sa justification.

TRAVOT, employé en 1796 comme adjudant-général sous Hoche, contre la Vendée, fut chargé en mars de poursuivre Charette, et le fit prisonnier le 23, à la Chabottière en Poitou; ce qui lui valut, de la part du directoire, le grade de général de brigade. Il commanda encore contre les chouans, en 1799 et 1800. Vers la fin de 1803, il fut nommé membre de la légion-d'honneur, puis élevé au grade de général de division, le 1er. février 1805. Nommé, par le roi, chevalier de l'ordre royal et militaire de Saint-Louis; nommé, par Napoléon, pair de France le 4 juin 1815. Au mois de juillet suivant, le général Travot fit sa soumission à Louis XVIII.

TRENEUIL, poète, homme de lettres et bibliothécaire-adjoint de la bibliothèque de l'Arsenal, nommé par l'empereur le 19 décembre 1811, a composé un *Chant nuptial* pour le mariage de S. M. Napoléon, et une *Ode sur la Naissance du roi de Rome*. Qui croirait que l'auteur des *Tombeaux de Saint-Denis* ait mis au jour les deux strophes suivantes, extraites de cette ode :

Si dans l'art des combats, sans rival et sans maître,
On voit, à son nom seul, s'enfuir et disparaître
Les peuples contre lui soulevés par leurs rois;
S'il est moins un héros sur le char de la guerre,
Qu'un grand législateur qui visite la terre
Pour en renouveler les trônes et les lois :

Qui ne révère en lui l'envoyé de Dieu même?
Sur quel front glorieux le sacré diadême
Réunit-il jamais cette vive splendeur?
Qui ne voit que sa race, en monarques féconde,
Seule peut enfanter et garantir au monde
Des siècles florissans de paix et de grandeur?

L'*Orpheline du Temple*, brochure in-8°. par M. de Treneuil, lui valut la place d'administrateur de la bibliothèque de l'Arsenal, que le roi accompagna, le 18 août 1814, de la décoration de la légion-d'honneur et de celle de l'ordre du lys. L'empereur lui avait accordé précédemment l'ordre de la réunion. Voilà bien trois ordres distincts qui attestent que ce poète n'a jamais varié dans ses opinions.

En janvier 1815, M. de Treneuil, qui ne se lasse jamais de produire, a publié le *Martyre de Louis XVI*, qui est déjà à sa seconde édition.

TRUGUET, fils d'un capitaine du port de Toulon, fut d'abord garde-marine. Employé en 1792 comme contre-amiral, il écrivit au président de la convention, le 14 octobre de la même année, la lettre suivante :

« Monsieur le président, le contre-amiral Truguet,
» commandant les forces navales de la Méditerranée,
» heureux de voir enfin réunie cette convention natio-
» nale qui doit affermir à jamais la liberté, l'égalité et
» les vrais droits de l'homme, ne vient pas lui pré-
» senter de froids éloges et de vains discours ; mais il
» vient *offrir à la république son sang, tous ses mo-*
» *mens, sa vie entière.*

» J'ignore, sur l'élément où je sers la patrie, quel

» est le *nouveau serment* que vont prêter les Français :
» en attendant, le contre-amiral Truguet *jure exécra-*
» *tion et vengeance à tout despote du dedans et du*
» *dehors qui attenterait au gouvernement établi par*
» *la convention nationale, accepté par le peuple.*

» Il jure aussi que les flots l'engloutiront avant que
» le *pavillon républicain*, dont l'honneur lui est
» confié, reçoive la moindre insulte. »

En décembre il commanda une division de la flotte que l'amiral Latouche conduisit devant Naples. Au commencement de 1793, il mit en mer avec une escadre de vingt-six bâtimens, s'empara de l'île de Saint-Pierre, bombarda Cagliari et y tenta une descente ; mais il fut repoussé. A la fin de 1795, nommé ministre de la marine par le directoire, il ne put rester au ministère, et fut remplacé peu de jours avant le 18 fructidor (4 septembre 1797), et nommé ambassadeur à Madrid, d'où il fut rappelé. Après le 18 brumaire an 8 (9 novembre 1799, il entra au conseil-d'état, section de la marine. En septembre 1803, appelé au commandement de l'escadre de Brest, il resta dans ce port jusqu'à l'avènement de Bonaparte à la couronne impériale. L'empereur alors le nomma successivement commandant de la légion-d'honneur, préfet maritime à Amsterdam, grand-officier de la même légion.

Le 22 septembre 1814, le roi le décora du grand-cordon de la légion-d'honneur, le créa chevalier de l'ordre royal et militaire de Saint-Louis, et le 13 janvier 1815, lui conféra le titre de comte.

V.

VALENCE (Cirus de Timbrune, comte de), né à Toulouse le 27 septembre 1757, colonel de dragons au service de France, se dévoua, dès 1789, au parti de la révolution, et devint officier-général en 1791. En mai 1792, il fut employé dans l'armée de Luckner, et par suite dans celle de Dumouriez, où il se signala par son courage et sa bravoure. Après la défection de ce général, ayant été mis par la convention hors la loi, il se retira dans le Holstein, où il demeura caché jusqu'à la révolution du 18 brumaire an 8 (9 novembre 1799); alors il rentra en France, et fut rayé de la liste des émigrés en 1800. En 1805 il fut appelé au sénat, nommé commandant de la légion-d'honneur, et le 26 décembre 1813, commissaire extraordinaire dans la sixième division militaire, à Besançon.

Nommé par le roi membre de la chambre des pairs, le 4 juin 1814, et décoré de la croix de l'ordre royal et militaire de Saint-Louis.

Nommé par Napoléon membre de la chambre des pairs, le 4 juin 1815.

VAUBLANC-VIENNOT (V.-M.), propriétaire-cultivateur, président du département de Seine-et-Marne, député de ce département à l'assemblée législative de 1792, où il devint un des membres les plus marquans du parti modéré. En septembre 1796, il passa au conseil des Cinq-Cents; et en septembre 1797, il fut un des membres proscrits, et condamnés à la déportation.

Étant parvenu à se soustraire à la première perquisition, il se retira en Suisse, de là en Allemagne, et fut rappelé après le 18 brumaire an 8. En décembre 1800, le sénat conservateur le proclama membre du corps-législatif. Il en devint questeur en janvier 1804.

Nommé par l'empereur préfet de la Moselle et commandant de la légion-d'honneur.

Voici un fragment d'une proclamation ou circulaire que M. Vaublanc publia à Metz, le 11 avril 1814 :

« ...... La capitale de la France a reçu les pro-
» messes solennelles que je vous annonce : de nou-
» velles lois constitutionnelles s'y préparent, et bientôt
» Louis XVIII reprendra la couronne de Henri IV.
» Tout nous annonce une longue paix, tout nous
» promet des jours heureux. Livrons-nous à la plus
» douce espérance ; unissons-nous à la grande famille
» des Français, qui s'empresse de toutes parts de voler
» au-devant de l'auguste famille de ses rois.
» Vous avez toujours montré cet esprit de sagesse
» et de modération qui s'unit au vrai courage, et qui
» même en est inséparable. Voici l'instant d'en écou-
» ter les inspirations, de n'écouter qu'elles, et de
» former un concert de volontés qui rende cette révo-
» lution aussi paisible qu'elle est heureuse et mémo-
» rable..... ». M. Vaublanc vient d'être nommé ministre de l'intérieur par le Roi.

VAUBOIS, général français, né à Château-Vilain, était, au moment où la révolution éclata, capitaine d'artillerie. Il fut employé, en 1795, à l'armée des Alpes, et fit avec distinction, en 1796, la campagne d'Italie. S'étant embarqué ensuite avec le général Bonaparte, ce dernier lui confia le commandement de Malte, lorsqu'il s'en fut emparé en 1798, et il la conserva jusqu'au mois de septembre 1800, époque à laquelle il fut contraint de rendre la place, faute de vivres et de munitions. En 1804, le général Vaubois, membre du sénat-conservateur, obtint la sénatorerie de Poitiers, et le titre de grand-officier de la légion-d'honneur.

Nommé par le roi à la chambre des pairs, le 4 juin 1814, et chevalier de l'ordre royal et militaire de Saint-Louis, le 8 juillet suivant.

VERNET (Carle), peintre dont le talent est assez connu, a exposé,

Le 1er. novembre 1812, au *Musée Napoléon*, sous le n°. 947 de la notice,

Chasse de S. M. l'empereur au bois de Boulogne, au moment du hallali;

Le 1er. novembre 1814, au *Musée royal des Arts*, sous le n°. 937,

S. A. R. monseigneur le duc de Berry, en uniforme du 6e. régiment de lanciers.

A l'arrivée de Napoléon, M. Vernet, qui sait tirer parti des circonstances, s'empressa de suivre le vent qui soufflait alors, en achevant et exposant un tableau représentant la bataille de Marengo, qui prit la place du portrait du duc de Berry. Comme les poètes, les peintres ont deux poids et deux mesures.

VICTOR, général, employé d'abord à l'armée des

Pyrennées orientales, passa ensuite à celle d'Italie, où il servit d'une manière distinguée. Elevé au grade de général de division par Bonaparte, il devint en 1800, à l'armée de réserve, lieutenant-général de Berthier, et se distingua à la bataille de Marengo. En janvier 1805, il fut nommé ministre en Danemarck, décoré du cordon rouge le mois suivant, et par suite maréchal d'Empire et duc de Bellune.

Nommé par le roi chevalier de l'ordre royal et militaire de Saint-Louis, le 1er. juin 1814, et gouverneur de la seconde division militaire.

VIEILLARD (P.-A.). Qui veut de tout, de tout aura. M. Vieillard est un poëte qui a beaucoup de facilité pour improviser sur tous les sujets possibles. S'agit-il de célébrer le mariage de LL. MM. impériales et royales? une *cantate* jaillit à l'instant de sa plume. Faut-il chanter la naissance du roi de Rome? un chant d'allégresse est aussitôt envoyé au *Journal de l'Empire*. Les circonstances demandent-elles qu'on blâme ce qu'on a préconisé avec enthousiasme? une épître est aussitôt adressée à Napoléon, dans laquelle on lui dit franchement :

> Tremblant et furieux, timide et forcené,
> A souffrir, à proscrire, à frapper condamné,
> Le trouble et l'épouvante accompagnent son règne.
> Il croit tout ce qu'il craint, il n'est rien qu'il ne craigne.

L'empereur Alexandre Ier. se rend-il à Paris? M. Vieillard se met en quatre pour composer trois stances lyriques en son honneur :

Aux bords où la Seine enchaînée,
Roulait des flots teints du sang de ses fils,
L'airain tonnait sur la ville d'Isis,
    Au bruit des combats consternée.
    Comment le calme dans les airs
    A-t-il remplacé les tempêtes?
    Comment un jour pur sur nos têtes
    Brille-t-il après les éclairs?

Du nord un brillant météore,
Environné de l'éclat le plus doux,
Se montre aux curieux, versant ses feux sur nous;
    Du bonheur nous voyons l'aurore:
    La cité que Pierre éleva
    Avec Paris fait alliance;
    Et l'olivier croit pour la France
    Sur les rives de la Néva.

Des czars héritier magnanime,
Libérateur des Français asservis,
Tous les bienfaits dont nos maux sont suivis
    De tes mains sont le don sublime.
    Ta gloire, fille des vertus,
    A l'amour a droit de prétendre;
    Et les cœurs, au nom d'Alexandre,
    Ajoutent celui de Titus.

Ces stances ont été insérées dans l'*Almanach des Muses*, année 1815, dans lequel se trouve aussi une pièce intitulée :

Le tombeau de Louis XVI et de Marie-Antoinette, au cimetière de la Magdeleine.

    Sous ce gazon qu'un simple arbuste
    Couvre de ses jeunes rameaux,
    Des rois repose le plus juste,

Privé du faste des tombeaux;
Nous qui, d'une race adorée,
Avons gardé le souvenir,
Allons sur sa tombe sacrée
Et le pleurer et le bénir.

Mais quelle cendre à sa poussière,
S'unit en ce lieu solennel?
C'est d'une reine épouse et mère,
Ce qui n'a pu monter au ciel.
Dans la grandeur, dans l'infortune,
Le destin voulut les unir ;
La tombe encor leur est commune;
Sur leur tombe allons les bénir, etc., etc.

La fécondité de M. Vieillard ne peut être comparée qu'à celle du fameux Scudéri ; à l'instant où il adressait une *Epître à Louis XVIII et à S. A. R. madame la duchesse d'Angoulême*, ce poète arrangeait, retouchait, adaptait tant bien que mal, suivant les circonstances, l'opéra intitulé : le *Triomphe de Trajan* ; et par un véritable coup de maître, ce qui avait été composé à la louange de Napoléon, se trouva, grâces à la plume magique de M. Vieillard, propre à être représenté devant Sa Majesté Louis XVIII.

VIGÉE (L.-J.-B.-E.), littérateur et poète, rédacteur depuis un grand nombre d'années de l'*Almanach des Muses*, en 1784 était secrétaire du cabinet de Madame. Nourri d'idées philosophiques et libérales, le poète, dès l'aurore de notre révolution, composa une ode sur la liberté, en seize strophes, toutes plus belles les unes que les autres, comme on en peut juger par la suivante :

VI

> Fille auguste de la nature,
> Liberté! je te reconnais.
> Tu viens combler de tes bienfaits
> La race présente et future.
> Le Français, au seul nom de roi,
> Soulevé contre un long outrage,
> S'indigne de son esclavage;
> Le Français est digne de toi.

M. Vigée, après avoir si dignement chanté la liberté, crut à propos, en 1796, pour varier les tons de sa lyre, de chanter Napoléon, alors général (*Almanach des Muses*, année 1797, page 39), et en 1811, d'adresser à l'empereur et son fils une longue pièce de vers dont nous extrairons les suivans. Voici d'abord une partie de ceux pour le fils :

> Salut, auguste enfant, précieuse espérance,
> Gage du long bonheur que doit goûter la France;
> Salut! sur ton berceau, poète adulateur,
> Je ne viens point brûler un encens corrupteur.
> Quand du trône pour toi s'entr'ouve la barrière,
> Amante des vertus, ma muse libre et fière,
> De ton royal destin, de ton noble avenir,
> Sans crainte, sans orgueil ose t'entretenir;
> Et de la vérité prenant le seul langage,
> Te parler des devoirs auxquels le sceptre engage.

Le poète, après avoir récapitulé en beaux vers les devoirs d'un bon prince, commence ainsi l'éloge du père :

> Armé de son génie, étayé de sa gloire,
> De cette même main qui fixe la victoire,
> Le vois-tu rallumant l'espoir au fond des cœurs,
> Des partis divisés contenir les fureurs,

Enchaîner, étouffer le trouble, l'anarchie,
Et de tous ses liens la licence affranchie,
A la discorde horrible arracher son flambeau ;
Sur le front de Thémis replacer le bandeau ;
Parmi les attentats, les vœux les plus sinistres,
Rendre à Dieu ses autels, au culte ses ministres ;
Et sans s'épouvanter du cri des factions,
Remettre enfin la France au rang des nations, etc.

En 1814, le roi nomma M. Vigée chevalier de la légion-d'honneur, en lui accordant en même temps la place de lecteur de la chambre et du cabinet. Le poète, par reconnaissance, composa et mit au jour : *Procès et mort de Louis XVI*, fragment d'un poëme sur la révolution française, dans lequel M. Vigée adresse à la France cette apostrophe :

France, pleure un forfait dont l'éternel affront
Jusqu'à ton dernier jour fera rougir ton front.
Les siècles à venir contre toi se soulèvent ;
Leurs redoutables voix dès à présent s'élèvent,
T'accusent, et du ciel, sur ta postérité,
Appellent le courroux trop long-temps arrêté.
Vois l'Europe déjà conspirant ta ruine,
Sur tes débris fumans la guerre, la famine,
Tous les fléaux ensemble exerçant leurs fureurs,
Tes propres enfans même abreuvés de tes pleurs,
Insultant à tes maux, méconnaissant leur mère,
Des torrens de ton sang baignant au loin la terre.

VILLARET (Jean-Chrysostôme-André-Ignace de), né le 27 janvier 1739, n'est pas du nombre de ces ecclésiastiques qui, suivant à la lettre l'esprit de l'évangile, veillent sur leurs ouailles, et ne s'immiscent point dans les affaires de ce monde. M. l'abbé Villaret, d'abord vicaire-général du diocèse de Rhodez, devint successivement évêque d'Amiens, administrateur de la province de Haute-Guyenne, membre de l'assemblée constituante, commissaire impérial et subdélégué du Saint-Siége, pour l'organisation du collége dans le ci-devant Piémont; baron d'Empire, chevalier de la légion-d'honneur; évêque de Casal, département de Marengo; sacré le 23 mai 1802, premier aumônier de S. M. le roi des Espagnes (Joseph Bonaparte, frère de l'empereur), et chancelier de l'université impériale. Le prélat n'en resta pas là, et l'appât de 12,000 fr. de traitement, qui, dans aucun temps, ne sont à dédaigner, le détermina à être conseiller au conseil royal de l'instruction publique. (Voyez *Ordonnance du roi* du 17 février 1815.) Ce qui ne l'empêcha pas, quelque temps après, pour montrer

Qu'il est avec le Ciel des accommodemens,

d'accepter, le 31 mars suivant, de l'empereur, la place de chancelier de l'université.

VILLARS (Noël-Gabriel-Luc de), évêque constitutionnel de Laval, député de la Mayenne à la convention nationale, passa ensuite au conseil des cinq-cents, en sortit en mai 1797, et fut nommé, en décembre 1799, membre du corps-législatif, peu après membre de l'institut, et chargé de l'organisation des lycées; en 1804, inspecteur-général des études, puis décoré de la croix de la légion-d'honneur en 1805; conseiller ordinaire et inspecteur-général de l'université impériale, en 1810, 1811, 1812 et 1813; inspecteur-général de l'université royale en 1814, se trouve encore, le 31 mars 1815, inspecteur-général de l'université redevenue impériale, etc., etc.

VILLEMANZY, d'officier d'infanterie devint commissaire-ordonnateur des guerres; après la révolution du 18 brumaire, il fut nommé inspecteur-général aux revues, et en 1805, dans la campagne d'Autriche, directeur-général des contributions levées en Allemagne; comte de l'empire, sénateur le 14 décembre 1809, commandant de la légion-d'honneur, nommé par l'empereur, donna son adhésion à la déchéance de Napoléon; nommé pair de France par le roi, le 4 juin 1814.

VIMAR (N.), avocat et procureur de la commune de Rouen, député de la Seine-Inférieure à la législature, en mars 1798, passa au conseil des anciens. Après la révolution du 18 brumaire, il devint, en 1799, membre du sénat-conservateur, en 1804 obtint la sénatorerie de Nancy, et fut décoré du titre de commandant de la légion-d'honneur; comte de l'Empire; il fut nommé pair de France, par le roi, le 4 juin 1814.

VOLNEY (Constantin-François CHASSEBOEUF de), propriétaire, député du tiers-état de la sénéchaussée d'Anjou aux états-généraux, où il se prononça en faveur de la souveraineté du peuple. Après la session, il alla voyager dans les Etats-Unis. De retour en France, il devint, en novembre 1794, instituteur de l'école normale de Paris pour la partie de l'histoire. Ayant coopéré à la révolution du 18 brumaire, il devint, en décembre 1799, membre du sénat-conservateur, membre de l'institut, et ensuite commandant de la légion-d'honneur.

M. Volney est pour les idées libérales, consignées dans les nombreux ouvrages qu'il a publiés depuis quinze ans.

X.

XIMENÈS (Augustin-Louis de), né à Paris le 28 février 1726, auteur des tragédies d'*Epicharis* et de *Don Carlos*, et d'une foule d'autres ouvrages aujourd'hui presque ignorés, se montra, en plusieurs occasions, attaché aux principes de la révolution, sans avoir jamais figuré dans les emplois et les événemens; il a inséré dans les journaux un grand nombre d'articles, et s'intitule le doyen de la littérature française. Sous Robespierre, il avait pris la qualité de doyen des sans-culottes.

L'*Almanach des Muses* de 1793, page 113, est le fidèle dépositaire de cette chanson de guerre des soldats français:

> Sparte, aux accens de Tyrtée,
> S'élançait dans les combats,
> Et Messène épouvantée,
> A ses fers tandit les bras.
> Français, qu'éveille la gloire
> Plus belle que la beauté,
> Allez chercher la victoire
> Aux cris de la liberté.
>
> Le sceptre de l'ignorance
> Courba vos aïeux trompés;

Vos mains rendront à la France
Ses droits long-temps usurpés.
Levez-vous : changez vos chaînes
En glaives étincelans,
Qui brisent les armes vaines
De vos ennemis tremblans.

Laissez applaudir la terre
A des arts ingénieux :
C'est par la force et la guerre
Que l'homme est égal aux Dieux ;
Ainsi les amis d'Alcide
Ont partagé ses autels.
Marchez, élite intrépide !
La mort fait les immortels.

Celui de 1794 fournit une pièce curieuse ; elle est intitulée l'*Ère républicaine*.

La Grèce eut des olympiades,
Romulus adopta les ides des Toscans ;
L'égire flatte encor l'orgueil des Musulmans ;
Et vous aussi, Français, vous aurez des décades !
    Mais Athènes eut des Miltiades,
    Des Socrate, des Phocion,
    Des Thémistocle, des Solon.
    Sparte, au détroit des Thermopiles,
Grava sur des tombeaux l'empreinte de son nom ;
Rome ouverte aux Gaulois, enfanta des Camilles.
    C'est là grande âme des Emiles,
La loi de Régulus, et les mœurs de Caton
    Qui triomphèrent de Carthage
    Plus que le fer de Scipion.
Des Grecs et des Romains imitons le courage ;
Attaquons, dans ses eaux, la perfide Albion.
Que nos fastes, s'ouvrant par sa destruction,

> Marquent les jours de la victoire!
> Que le monde, vers nous lentement attiré,
> Sente de quel fardeau nous l'aurons délivré,
> Et nous pardonne notre gloire!

M. de Ximenès, qui soupirait avec tant d'ard[eur] après la république, jugea à propos de changer d'o[pi]nions et de sentimens : ce fut la naissance du roi [de] Rome qui produisit cette métamorphose :

> Premier né du héros que demandait la terre,
> Pour l'affranchir du joug où la tient l'Angleterre!
> Roi de Rome et du monde! amour du genre humain!
> Mes yeux ont pu le voir... qu'ils se ferment demain.

Ici bas il ne faut répondre de rien, et M. de Ximenès est plus excusable que mille autres, puisqu'il a prodigué son encens sans aucunes vues d'i[n]térêt.

Z.

ZANGIACOMI, que nous soupçonnons être italien d'origine, a été successivement député de la Meurthe à la convention nationale, où il ne parla point; adjoint, en 1793, au comité de sûreté générale, où il eut très peu d'influence. Baron d'empire; conseiller à la cour de cassation en germinal an 8; directeur de la bibliothèque de ladite cour; maitre des requêtes nommé par l'empereur le 14 avril 1813; maitre des requêtes ordinaires, nommé par le roi le 4 juillet 1814; et conservé conseiller à la cour de cassation.

FIN.

www.ingramcontent.com/pod-product-compliance
Lightning Source LLC
Chambersburg PA
CBHW050321170426
43200CB00009BA/1409